婚姻與家庭

彭懷真　編著

三民書局

國家圖書館出版品預行編目資料

婚姻與家庭／彭懷真編著.－－初版五刷.－－臺北
市：三民，2007
　　面；　　公分
參考書目:面
ISBN 957-14-3447-7　(平裝)

1.婚姻 2.家庭

544.3　　　　　　　　　　　　　　　90003998

© **婚 姻 與 家 庭**

編著者　彭懷真
發行人　劉振強
著作財　三民書局股份有限公司
產權人　臺北市復興北路386號
發行所　三民書局股份有限公司
　　　　地址／臺北市復興北路386號
　　　　電話／(02)25006600
　　　　郵撥／0009998-5
印刷所　三民書局股份有限公司
門市部　復北店／臺北市復興北路386號
　　　　重南店／臺北市重慶南路一段61號
初版一刷　2001年4月
初版五刷　2007年5月
編　號　S 541162
行政院新聞局登記證局版臺業字第○二○○號

有著作權·不准侵害

ISBN　957-14-3447-7　(平裝)

http://www.sanmin.com.tw　三民網路書店

序

　　1920 年代，美國一群律師發起「讓婚姻走入歷史」的社會運動，結果走進歷史的是這些律師，每天仍有不計其數的人走進結婚禮堂。臺灣一年有十五萬對以上的新人締結良緣。

　　1970 年，美國掀起一波「反家庭」的浪潮，抗議者認為家庭製造許多問題，又壓抑每個人的自由。結果抗議者也紛紛結婚，進入了家庭。臺灣目前有六百多萬個家庭，雖然「家家有本難唸的經」，但多數家庭仍然非常有生命力地存在著。

　　人類進入二十一世紀，婚姻和家庭各自存在著各種難題，婚姻制度與家庭制度都面對社會變遷的衝擊，也必須有所修正調整。但是，婚姻與家庭的功能無可替代，其重要性也不會減弱，人人都得更認識婚姻，更了解家庭，並學習和這兩大制度相處。

　　尤其對於青年期和成人前期的人，正是對性、對感情、對愛情、對兩性關係充滿好奇的人生階段，又是和原生家庭漸漸脫離關係，而要迎向社會，並可能在未來另組新的家庭的階段。此階段最適合重新評估婚姻與家庭的重要性，並且經由社會科學的知識來正確看待婚姻、面對家庭，使更多人能重新留意這些與自身相關的力量。

　　婚姻是永不褪色的議題，家庭是永遠重要的生命力，許多報紙雜誌廣播電視，以及各種書籍都常討論。但是，其中充斥著帶有偏見、誤解、個人經驗等的看法，或失之狹窄，或有所錯誤，並不是很周全的解釋。這本書則從整體、從全面，依照科學的研究來做說明，參考國內外相關的書來編寫，儘可能以客觀平實的內容來做討論。

　　為了協助年紀還輕的朋友容易吸收，全面以淺顯易懂的文字來說明，並兼顧年輕朋友習慣的思考方式做分析，希望讀者能輕鬆了解書中的觀念和解釋，因而更認識婚姻與家庭，進而在婚姻與家庭的人生功課也有很好的成績。

婚姻與家庭　目次

序

愛與婚姻

學習目標:

1. 認識愛的多元性和類別,不宜只從某一角度去看待和處理愛。

2. 瞭解現代的婚姻多由自由戀愛而發展,因此先懂得愛,進一步為婚姻做準備。

3. 不論是否結婚,都需要妥善面對愛情。一旦結婚,更需在婚姻中維持和增長愛情。

第一節 愛的認知

愛的元素

　　愛，是婚姻的基礎，是家庭的基石。沒有愛，婚姻乏味，家庭苦悶。愛是奇妙的，最能打動人們的心弦，改變千萬人的生活，是人生必須修習的功課之一。

　　愛，不能光講理論，也很難用文字來完全描繪。芭芭拉史翠珊 (Barbra Streisand) 主演電影「愈愛愈美麗」，戲中，她是位可以在課堂上大大方方談情說愛、精采分析愛情的大學教授，但在真正的感情紀錄上，幾乎是掛零。她遇到另一位大學教授，對方是極為理性、全不知浪漫與情愛為何物的數學才子。她所知道的愛情理論和精采詞彙，都不能吸引他靠近自己，她在講臺上卓越的口才，只能讓他和她的討論更知性、更深刻，卻無法培養出真正的激情。直到有一天清晨，雙方重新點燃愛火，丟掉所有理性的包袱，大大方方擁抱，毫不遮掩地示愛。什麼學問、學術或學位，都不能禁止愛情，也不應該成為阻礙人們進入愛情的理由。

　　二十世紀初，英國國王溫莎公爵為了娶一位曾離婚的女子，與教會和王室意見不合，結果，他寧可放棄江山，和心愛的女子相愛相守。真正實踐「為了愛，寧與愛人相知，勝過作君王，掌握大權勢」。

　　愛情具有強烈的排他性，一方面，一個人不可能同時有好幾份相同（甚至只是相近）的愛情；另一方面，也沒有另一件事可以和愛相提並論，沒有另一個目標能完全彌補或取代愛情。愛情的寶貴，遠勝世上的名與利，使人願放棄一切去爭取和擁有。

　　許多人都迷惘：愛和喜歡有什麼不同？「喜歡」代表一種較不獨占的尊重和讚賞，並視對方與自己相似；「愛」則有強烈的獨占性、專一性，重視親密，即使必須自我犧牲，也在所不惜。因此，愛的代價遠比喜歡為高。

　　喜歡，像是正餐前的開胃菜，味道再好，終究不能當主菜。兩性互動，喜歡是愛情的準備，是為正式的愛情發展鋪路，使雙方的關係能更暢通。所以，經歷過「喜歡」階段再進入愛情的男女，感情較為穩固。正如牛排大餐中，沒有開胃菜，直接上牛排，感覺還是怪怪的。

　　喜歡，比較「利己」；愛，有較多「利人」色彩。甲喜歡乙，對乙有好感，想和乙做朋友，甲也願意、甚至渴望和乙分享生活，尤其希望對乙有更多的自我表白，這些都是甲站在自己角度的考慮。愛，則需多「利人」再「利己」，有更多的「施」與「受」，有更頻繁的互動。

　　喜歡，不表示就會接納對方，因為它只表示欣賞對方的某些優點。甲因為仰慕乙的優點而喜歡乙，對乙的缺點並未充份考慮。如果是愛，就需要更多的包容、更大的接納，以及充份的考慮。

　　喜歡，是比較簡單的，多些欣賞即是喜歡，愛就複雜多了，愛有強烈的依附關係存在，時刻希望和所愛的人在一起。愛的世界中容不下第三者，有強烈的排他性，喜歡的對象可以有好多人，沒那麼獨占獨斷。

　　林蕙瑛 (1995) 指出，愛是一種「施」與「受」的甜美感受，比喜歡強烈。陳皎眉 (1995) 引述美國學者魯賓 (Z. Rubin) 的看法指明：

①愛包括了三個重要成份：關懷 (caring)、依附 (attachment) 和信任 (trust)。

②喜歡的主要成份是尊敬 (respect) 和兩人有相似的知覺 (similarity)。

　　專門研究成人依附關係的美國社會心理學學者菲尼 (Judith Feeney) 和諾勒 (Patricia Noller) 發現，依附關係包含五個要素，我們也可根據這五者，判斷男女雙方是否為「愛」的關係：

①開放 (openness)：很想將自己的思想和情感表達出來，如「我們倆在一起，無所不談」。

②親近 (closeness)：表達親密的態度，如「我倆如熱戀中的男女，難分難捨」。

③依賴 (dependence)：渴望更多的分享，更希望常和對方一起，如「我們從早到晚都在一起也不膩」。

④承諾 (commitment)：對關係的持續抱有認真的態度，如「我願意為她竭盡所能，付出一切」。

⑤情感 (affection)：對愛情表達的態度，如「我們經常把『我愛你』掛在嘴上」。

當然，說了這麼多，主要是在字句和觀念上打轉，有很多人都會想：「愛就愛了，還要考慮這麼多，真麻煩！」這些人大概會同意傑出詩人波蒂厄斯 (Beliby Porteus) 的說法：

愛情是如此美妙，

言語描述也難以形容，

它可以感覺，卻無法定義，

它可以瞭解，卻無法表達。

不過，就學理來說，愛的元素是少不了關懷、依附、信任、開放、親近、依賴、承諾、情感等。當你感覺對某個人有這些因素的大多數時，你就靠近「愛」了。

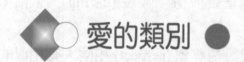

愛的類別

國內的張老師月刊曾刊載美國心理學者李約翰 (Lee, J. A.) 對愛情種種色彩 (colors of love) 的研究，藉此區分不同的愛情型態和愛情需求。這六種不同色彩的愛情有三種基本型：「熱烈型」、「遊戲型」和「友伴型」，另外又有三種延伸型：「計畫型」（友伴型＋遊戲型）、「依附型」

（熱烈型＋遊戲型）和「無私型」（熱烈型＋友伴型）。以下就依各自的特徵、表現和主要目的分別簡介：

1.熱烈型

特徵：・一見鍾情，以貌取人。
　　　・羅曼蒂克、激情的愛。
表現：・渴望完全擁有對方、瞭解對方。
　　　・在心中無人可取代愛人。
　　　・透過身體的親密接觸，傳達彼此愛意。
主要目的：尋求快樂、滿足。

2.遊戲型

特徵：・無牽無絆，追求新鮮刺激。
　　　・享受過程，不重結果。
表現：・周旋於不同戀人之間，避免深入交往。
　　　・一旦戀人過度靠近，即抽身遠離。
　　　・感覺戀人乏味無聊時，即另尋目標。
主要目的：盡情享受愛情，努力保有自主。

3.友伴型

特徵：・由喜歡產生愛意。
　　　・愛人是最知心、最親密的朋友。
　　　・細水長流、寧靜無波的愛。
表現：・長期交往、甘苦共享。
　　　・戀愛的過程平平淡淡，分手後仍是好朋友。
主要目的：分享內心感受，彼此支持鼓勵。

4.計畫型

特徵：‧依據未來生活的藍圖挑選對象。

表現：‧「門當戶對」是要件。

　　　　‧寧可忍痛放棄不合條件的對象，絕不變更自己的生涯計畫。

　　　　‧對象符合特定標準，才開始培養愛情。

主要目的：組織家庭，使成家有助立業。

5.依附型

特徵：‧心神不寧、情緒起伏大。

表現：‧心緒完全繫於愛人身上。

　　　　‧行事敏感、猜疑、善變。

　　　　‧喜好幻想約會情境。

主要目的：情感有所寄託。

6.無私型

特徵：‧愛人至上。

　　　　‧無條件奉獻、無怨無悔。

表現：‧對方的感受重於自己。

　　　　‧犧牲小我，成就對方。

　　　　‧情感堅貞不移。

主要目的：秉持信念，為愛而愛。

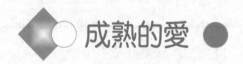 成熟的愛

有首歌「愛的箴言」是取材自聖經‧哥林多前書十三章，描寫完美

而成熟的愛，內容如下：「愛是恆久忍耐，又有恩慈；愛是不嫉妒，愛是不自誇，不張狂；不做害羞的事；不求自己的益處；不輕易發怒；不計算人的惡；不喜歡不義；只喜歡真理；凡事包容；凡事相信；凡事盼望；凡事忍耐；愛是永不止息。」

當然，在人世之間，很難有如此完美的愛，但人人都羨慕，也渴望生活在此種愛之中。這像是一百分的境界，若是我們多些努力，總是會比較靠近滿分；假如不努力，根本無法有美好的愛情。正像成熟是一個漸進的歷程，多些努力，才可能由不成熟到比較成熟乃至相當成熟。

在希臘文之中，至少有五個字可用以區別、描述愛的各種層面。這五種愛互為連鎖、相輔相成。每一種都有其獨特的意義與重要性，但彼此又有相關。戀愛中的男女若能細心體會，兩人的身體、感情、心靈領域才好交融溝通，讓彼此都在愛中成長。所謂成熟的愛，是包含以下五方面的（彭懷真，1987）：

1.epithumia（欲望之愛）

代表強烈的欲望；有的好，有的壞。它的意思是：專注、渴望；也意謂貪戀。這個字可譯為 lust（情欲），或 desire（欲望）。在愛情中，男女雙方常有強烈的肉體欲望，希望藉著性愛表達出來。依據佛洛伊德 (Sigmund Freud) 的理論，此種愛是最強烈、最直接的原欲 (libido)，刺激著人們努力往前，追求自己喜好的原始性衝動。

2.eros（浪漫之愛）

表示渴望占有，希望與所愛者結合。eros 是浪漫、熱烈而多情的。它往往是婚姻的序曲，也是熱戀的男女所眷戀，並藉情歌、情詩所歌頌的那種愛情。它常被稱為痴情，既強烈、甜蜜、又可怕，因為它太強烈、太迷人。

此種愛使原本平淡、彷彿是黑白的男女關係，成為朝氣蓬勃、色彩繽紛的情侶關係，雙方因此改變，多了迷人的味道。最接近 eros 一字的

英文是 romantic，也就是人人熟知的「羅曼蒂克」。

3. storge（溫馨之愛）

這種愛自然而舒適，充滿了真誠和關懷，多半用來形容父母子女或兄弟姊妹間的親情。也是「家庭」之愛：「在家中，只要你一涉足，他們就接納你……這種待遇不一定是自己理所當得的。」溫馨之愛能滿足人渴望有所歸屬的基本需求——希望成為關係密切、互相關懷、彼此忠誠團體中的一員。世界是如此競爭，社會又十分冷酷。但是，溫馨之愛給人溫暖的庇護所，讓人有安全感，安然生活。

4. phileo（珍惜之愛）

它使人珍視、憐惜所愛的人。這是一種人與人間的深刻友誼；是一種同舟共濟、分享、溝通的友愛。浪漫之愛使人成為戀人；珍惜之愛則使人成為親近的密友，相愛相攜，一起分享個人的心思、意念、感受、態度、計畫和夢想等，包含一切最隱私、無法與其他人分享的事物。此種愛情會活潑滋長，能使彼此產生相互愛惜、密切融洽又契合的情誼。雙方以彼此相伴為樂，更表現出無微不至的關懷，但需要善加維護。

5. agape（犧牲之愛）

原是指耶穌基督降世為人，為人類代罪受死的無價之愛，這是一種完全無私無我、一心一意且不斷付出的大愛。它是一種意志的抉擇，是行動，而非情感；是信念的堅持，而非一時的感覺。

四種愛的作者，神學家路易士 (C. S. Lewis) 曾以花園來比喻犧牲之愛。但是，若園丁懷有犧牲之愛，他就會用耙子、鋤頭、剪刀、肥料、除草機，在花園裡種下愛苗，使它開花結果。當我們面對愛情時，也應該仿效常懷犧牲之愛的園丁，用一種體貼入微、靈巧、又具有智慧的愛，時時關注所愛者的需要，樂意為他做一切美善之事。

犧牲之愛，表面上看來是自己付出了、吃虧了，其實更顯示出，自

己是基於意志維持了愛情，使雙方的情愛更強烈、更濃厚。在如此全心付出的同時，自己也會得到很深的滿足。

婚前性行為

愛，很難和性做明顯的區隔，尤其對血氣方剛的青年人來說，一定會想：可以更親密一點嗎？可以不結婚就上床嗎？「當然不可以！」你的爸媽和師長如此說；「當然可以！」你的朋友如此說。不過，當你和心愛的異性在一起時，爸媽、師長、朋友都不在，要做決定的是你自己，「可以」或「不可以」的決定權是在你身上，有沒有做的影響也主要在你身上，由你承擔。

從人性的角度，其實人人都該對異性「更親密點」。最重要的是在「心理」上先親密些；多溝通、多來往、有默契，就可以交到好多異性的好友；在「思想」上也親密些，彼此多分享想法及知識。然後是在心理上比較能溝通、感情上比較能分擔的人之中選擇「感情」上親密些的對象，彼此接納、彼此疼惜、互相愛慕關懷。最後才是「身體肌膚」的親密，用各種親熱的動作，如摸摸頭、握握手、輕輕擁抱……等表達愛意。

因為愛，所以一個人渴望與對方有更多的親密，彼此談心、談天、談理想、談現實，這才叫「談戀愛」。如果只因為性才親密，只是想要更多接吻、愛撫、性行為，則不是「愛」，只剩下「做愛」了。

愛，如果不是自然成長，而要勉強的、痛苦的「做」，既虛假，又可悲。這個世界，已經充滿了虛假的、人為的、做作的事物，若純潔的愛也如此「做作」，就太可惜又可悲了。

可以更親密一點嗎？彭懷真(1998)歸納輔導實務和研究建議：

①如果彼此有很深的愛。

②如果雙方都視對方為生命中的唯一。

③如果願承諾用一生來分擔彼此的喜怒哀樂。

④如果有把握，也計畫將來生活在一起，組織家庭。

⑤如果不違反你宗教信仰的規定。

⑥如果知道如何避孕並避免懷孕。

⑦如果能防止性病的感染。

⑧如果都身心成熟、心安理得……

沒想清楚，隨便上床，都是「搭錯車」。花錢買性，搭的是「縱慾車」，還很可能感染性病；未相戀就上床，搭的是「迷糊車」，迷迷糊糊就把自己的身體給了不愛的人；已經相戀的情侶做愛，是「提早搭車」，他們未來結婚的機率反而降低。更何況，還是十幾歲的青少年，要將感情維持到結婚年齡，簡直就是「不可能的任務」。

不少女性在有了婚前性行為之後都有很不好的感覺，第一次的性經驗通常並非她們所願，而是在錯誤的教育、虐待、強迫及公然暴力下所產生的，她們自己根本無法作決定。對男性來說，第一次可能在慌亂、茫然、焦慮中度過。有篇王文興寫的小說最快樂的事，其中提到男主角天天盼望有性，終於有一天發生了，他當天晚上就自殺了，他在遺書中寫著：「人人都告訴我，這是最快樂的事。如果真是如此，不如死了算了。」

其實，性的確是最快樂的事，只是要有許多條件配合才成。絕大多數社會都把性與婚姻結合，這很有道理，因為婚姻的完整可以包含這些條件，使性的主角能安心享受性的溫馨。

好東西是要等待才可享受的，有本書叫值得等待，作者勸我們對於愛和性，多等一下，別太急！的確，知識和智慧是要等待才會累積的；經驗和歷練也是要等待才會成熟的；人生最美的婚姻之愛，更是需耐住性子。先要遇到合適的另一半，慢慢累積感情，逐步增加相互的瞭解，不斷確認彼此是否相合相配，才可以順利走上地毯的那一端。沒耐心，太急躁的人，是沒辦法享受到真愛。

所以，多等一下，等，別急！別心浮氣躁，有些人為了不成熟的愛

和馬馬虎虎的性，匆匆忙忙懷孕，結婚還太早，不結婚要墮胎殘害小生命。人生的腳步因而大亂，一輩子都可能走得跌跌撞撞。

許多女性把最寶貴的第一次給了說愛她的男人，結果被玩弄、被拋棄，那負心的男人又去和別的女孩發生性關係；許多少男把最寶貴的第一次給了素昧平生的妓女或沒什麼感情的女人，只惹上羞辱。更有不少年輕的朋友，沒有把愛留到婚姻之後，匆匆忙忙地糟蹋了自己的尊嚴、名譽和健康，一旦結了婚，婚前的性成為對方的把柄，不斷控訴折磨自己，婚姻也陷入陰影之中。

為了等待真愛，為了等一個真正好的婚姻，我們要向不成熟、不尊重的性，大聲說：「不！」

第二節　情感挫折

　情感挫折的因素和種類　

國父說：「人生不如意事，十有八九。」失敗很普遍，因而有挫折感，不少人常常以艱難當餅，困苦當水。面對失意如家常便飯。

在愛情的世界，很多挫折都遇得到，例如：如何找到自己心儀的對象？如何與對方約會？如何建立穩定的男女朋友關係？如何讓感情有所進展？如何確定對方就是自己的終身伴侶？如何獲得雙方家人的支持？如何共結連理，走向地毯的那一端？如何經營婚姻，使婚後仍有濃情蜜意？如何共同安排家庭生活？……

有挫折，不是最嚴重的。只要知道造成挫折的原因、挫折的狀況，並且有足夠的理性去處理，都可以把挫折變為成長的動力，不再痛苦，反而有所成長。

　　就從年輕人最常見的情感挫折——寂寞說起。年輕人普遍不孤獨 (aloneness)，卻十分寂寞 (loneliness)。孤獨是與他人隔離；寂寞則是指缺乏某種社會關係時的不愉快感覺。好多人的寂寞都與愛情面前的糾纏心結有關。分析此種現象的原因有五：

①缺乏自信：也許是因為容貌、家世背景、曾經有過的受害經驗或是不好的兩性互動感受，而失去了自信和主動。

②退縮性自卑：強迫自己躲起來，壓抑自己的感覺，漠視自己需要交友、戀愛和結婚的需要。有的人躲藏到工作的狂熱中；有的人躲到憤世嫉俗像刺蝟般的盔甲裡。

③不確定自己的真正需要：不知道自己真正想要的生活形式、人生道路和生涯計畫，以致自我無法定位，因而產生困擾與掙扎。

④恐懼與異性接觸：從異性的眼神、語言、動作到禮物、卡片，一概害怕恐懼。他們覺得，一旦與異性接觸，就會顯現自己的弱點和短處。或許他們誤以為，任何異性的眼神，都可以看穿自己心靈的深處。

⑤不習慣正確傳達訊息：由於溝通訓練太少，以致自己不太知道如何與人互動、如何對待別人積極的回應，或是如何表達自己的快樂與肯定。

　　寂寞給人的感覺程度不一，可以從一時的不舒服、短暫的不愉快，甚至可能感歎自己的不幸，最嚴重的是想自殺。

　　要克服寂寞，先要和對方「有緣」，完全無緣，連感情都沒有，更別說是想要有進展。所以要先試著培養「緣感」。人是社會的動物，若從社會的角度思考，到底什麼力量會影響愛情，進而支配愛情的發展？以下的五種社會條件常被研究者提及。如果有了這五項，緣感就會容易發生、孕育和成熟，進而促成「姻緣」的發生和「良緣」的實踐。

(1)距離近

　　如住的地方近、座位近，就像同學、同事等。所謂「近水樓臺先得月」，通常都是對的。住家愈近，往往愈容易結成連理。

⑵接觸機會多

兩人之間若常常接觸，彼此會熟悉些，因而有合適的互動。而且，對方也比較不容易、或不好意思拒絕。

⑶性情相投

雙方有相同的價值觀念。比方說：女方屬「淡泊明志，寧靜致遠」型，就很難忍受一個整天作升官發財夢的情人。情侶若能在相近的背景下，養成相同的人生觀和性情，通常更有「百年好合」的希望。

⑷互補關係

好高談闊論者，比較喜歡聽眾型的對象；喜歡照顧別人的人，比較喜歡有依賴性的另一半。戀愛的整個過程就像一首歌，必須要有人「高歌」，也要有人「傾聽」；這是彼此交互的灌溉，若能互相吸取營養，愛苗哪會枯萎？

⑸適當的標準

若不願考慮其他因素，只是單憑自己的感覺，認為對方有吸引力，就把對方列為可追求的對象，成功率實在不高。因為每個人都怕被拒絕、怕自尊受損；所以，若能稍微降低選擇的標準，比較容易從中選取易於交往的對象。

這五項都和生活經驗有關。經驗相近、互動機會多，雙方較易體會緣感，也比較懂得採取對方能接受的相處方式，誤會和衝突也少。所以與其注意「遠在天邊」的異性，不如多看看「近在眼前」的朋友、同學、同事、鄰居；與其面對種種不確定性，不如依照原有生活習慣，安排交友對象。用緣份的架構來看，就是先有背景相近的「份」，再製造「緣」感。

接下來，是「兩人交往之後有所衝突」，林蕙瑛 (1995) 曾分析：理想的戀愛好像應該是愛情源源而出，甜蜜快樂，然而現實生活裡，自然而然地會有許多問題在兩人之間出現，進而產生衝突。尤其現代女性受較多教育，地位提高，即使在戀愛關係中也要求權力平等。戀愛中最常見的衝突另有「價值觀不同」、「相互期待有差距」、和「佔有慾」等等。

大部份的男性都是大男人主義者，沒有想到要去承認女性的個人主義，當然也有些被男性捧上天的驕寵女性，對愛侶的期望完全建立在自己個人的喜好之上。

壞的衝突包括不實際的要求、無能力傾聽及瞭解，容易產生敵意及生氣，寧可在婚前看清楚婚後必然會發生衝突，早早經歷、忍受、溝通、協商、改變，不要因為害怕破壞美好愛情或失去對方，而睜一隻眼閉一隻眼，如此反而會將壞的衝突帶進婚姻中。

身份地位社會條件相差太多的愛情，這種愛情的難度非常高，要有美好的結局十分不易，要處理的狀況卻特別多，有太多不可知、又不確定的因素。真的想開始這種戀情，也需多加盤算。

男女衝突太厲害，沒辦法化解了，有些人就想到：「要分手」。千千萬萬的戀人，懂得如何相識、相戀，但在愛情消失後，卻不懂得「分手」，有的甚至採取極端手段——殺人或自殺，造成永難彌補的遺憾！曾經如此美麗的愛情，如何才能漂亮分手？

一對對戀人因為情變而出事，有些男的殺女的，再引火自焚，同歸於盡。人們看到凶案現場的慘狀，再看看兩人出雙入對的俊男美女合照，真讓人感慨「問世間情為何物」，真的非要人「生死相許」嗎？

沒學會分手的，有走向極端，有一同自殺，或是殺人而後自殺的「玉石俱焚型」；有你不愛我就完了的「挾怨報復型」；有傷害自己的「自殺自傷型」；有墮落不求振作的「自暴自棄型」，更有責怪家人、朋友、同學的「遷怒抱怨型」。

正由於「愛則欲其生，恨則欲其死」的恐怖心理，讓不少男女朋友難以說再見。明明雙方早已知道不合適、不速配，卻因遲遲不能分手，短痛拖成了長痛。甚至拖成了婚姻，最後可能還是要以離婚來收場，連孩子的幸福都賠上了。所以，學會判斷要不要分手及如何分手，是很重要的智慧。

情感挫折的處理

　　寂寞的主要特性是社會需求無法滿足，因此，克服寂寞的最好方法是：多與人互動，增加自己的社會整合，主動打入人群之中。若想增加自己的親和力及人際吸引力，最大的關鍵便是主動。可以主動進行以下六方面的努力：

①主動尋求依附：去除「自己什麼都行」的想法。不要害怕靠近人、依賴別人。因為親密的人際關係會帶給我們安全感及舒適感。

②主動和他人整合：與他人共享相同興趣和人生觀，熱心參與團體。

③主動尋求保證：與人互動時，就會產生自己是有價值的感覺。

④主動尋求可靠的人際連帶：有了親密的朋友，就等於加入了一個「同盟」，在需要幫助時，即可獲得援手相助。

⑤主動尋求指導：不要怕被指導，能不恥下問，才可能增加互動。

⑥主動尋求被照顧和照顧別人：照顧他人時，會使自己產生被需要及受重視的感覺。

　　這六點是社會心理學的研究結果，統稱為「親和力的特質」。在愛情前猶豫不決的朋友，若想早些走出孤獨寂寞，多培養親和力是上策。

　　隨著社會愈來愈功利，拿著「感情收支帳」來盤算愛情的人，勢必愈來愈多。人們都不希望吃虧，都喜歡酬賞較多的人際關係。如果想讓別人喜歡我們，給予對方足夠的社會酬賞是很重要的。

　　所謂的社會酬賞包括：地位、聲望、資訊、資源、成就感、快樂等，一對男女之所以由普通朋友進展成特別朋友，往往是雙方能各自給對方所需要的酬賞。年輕的情侶在初交往頭三個月會比較在意酬賞的量與質，如果雙方都體會，這種關係能夠提供很多酬賞，則交往者會感到

滿足及愉快。即使經過幾個月後，比起那些已經分手的情侶，那些仍在一起的情侶會感覺常能從關係中獲得很實在的酬賞。

你為什麼願意付出時間、精神、體力、金錢等成本給情人？因為存著「對方會有所回報」的心理，盼望「酬賞」。根據社會心理學方面的研究，隨著關係穩定，「成本」的考慮愈來愈重要，如果酬賞少、成本高，雙方分手的可能性大增。

一旦決定要分手時，應該特別注意下列幾方面：

(1)調整心態

先建立「無過失」觀念，不要去追究誰對誰錯，也別再探討哪一天、哪一種情況，或是哪一件事，分手不一定是自己或對方的錯，而可能是緣散了，緣份盡了。

(2)溝通方式

宜採用「書面報告」，避免見面。寫信是最冷靜的方法，較能心平氣和，不容易吵架，更不可能殺來燒去。

(3)好漢做事好漢當

如果是自己想分手，找親朋好友也許只會幫倒忙，害人又害己，尤其忌諱找異性朋友跟對方講。唯一可以找的，是專業輔導諮商人員，好的輔導人員通常可以協助整理問題，尋找解決問題的空間。

(4)不要激怒對方

絕對不出惡言；絕不向對方說：「你配不上我」；不批評對方的所作所為；不指責對方的言行舉止；不將對方的家人朋友牽扯進來……。儘量迴避，儘量採取低姿態。請牢記：「多說，無益！」

(5)分手前後，正常作息

試著讓自己多忙著「做事」，與人則疏遠些，保持清醒的心去迎接新生。這個心痛的階段有些像溺水，此時會感到很痛苦，但也不必看到什麼人就當浮木，亂抓一通。

(6)分手就分手，別說「以後還是朋友」這類的話

分手是不能再走回頭路了，「藕斷絲連」和「腳踏兩條船」都是大

忌。「拖延」則是最不實際、最不具建設性的作法。

 第三節　愛情與婚姻

 傳統社會的愛情與婚姻觀

　　每個人的生命，就像齒輪，不斷轉動，婚姻與家庭是其中重要的一環，影響整個生命。彭駕騂 (1995) 以兩個圓形來代表男女兩個人從彼此互不認識，到逐漸相識，進而相愛，再進而結合，終而形成婚後雙方各種可能之彼此關係。可以更容易給大家一個更為清楚的說明，也可藉此說明從傳統到現代婚姻關係的改變：

A　最初兩個人是毫不相識的個體，各自轉動其生命之輪。

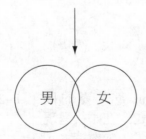

B　在某種機遇下，兩個人發生了互動，雙方有了某種相知的感覺。

C　相知層面愈廣，有了相愛之意念。

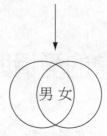

D　到了相愛愈深的階段，已經相許終生了。

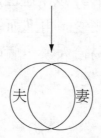

E　相許終生，有情人終成眷屬，可是心心之中仍不可能完全
　　相印，慢慢的，可能出現了下列三種情況。

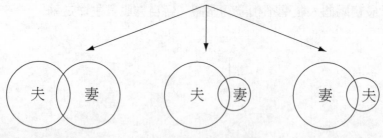

F–1　可能是各轉自己
　　　的生命之輪。

F–2　很多夫妻的問
　　　題，在婚後呈現
　　　了，夫權特大，
　　　做妻子的漸依屬
　　　於丈夫之中。

F–3　也可能是，先生
　　　唯太太之命是
　　　從，逐漸失去了
　　　其自由運轉生命
　　　之輪的契機。

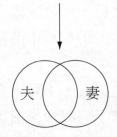

G　兩個人相處日久，感情日減，齟齬日深，彼此之間相互的
　　關懷也日少，結果可能出現以下三種情況。

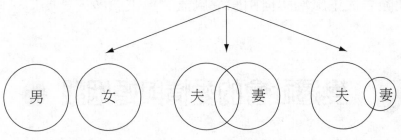

H-1　意見無法溝通，終　　H-2　意見溝通之後，重　　H-3　一方放棄自己，心
　　　至分手，勞燕分　　　　　　新定位，願相互嘗　　　　　不甘情不願地成為
　　　飛。　　　　　　　　　　　　試。　　　　　　　　　　　小我。

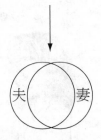

I　理想的是：夫妻各有其生命運作之方向，卻是相輔相成，相互鼓舞。

圖 1-1　男女關係發展圖

　　傳統的婚姻，男尊女卑，男性較有優勢，女性是嫁入男方的家庭，
順從男方，亦即「嫁雞隨雞，嫁狗隨狗」。有如圖 1-1 之 F-2，女性的地
位是依附的，女性的角色是配合的。傳統之文化、社會習俗、宗教信仰
以及當地生活環境，決定了夫妻之角色。

也有少數地方是母權社會、一妻多夫、男女群居之習俗出現於宗法社會之前。迄至近代，地球上仍有若干部落，女權仍高於男權，多多少少，乃受地理條件之影響。

門當戶對與不同階級之男女，不可婚嫁之習俗，在我國綿延了幾千年。男尊女卑之習俗，鑄定了怨婦多少恨事，亦可作為明證。三從四德與七出之罪名，更桎梏了千萬不幸婦女的黯淡歲月。

父母之命，媒妁之言，雖亦可能撮合少數良緣，但亦難免造成更多怨偶！因此隨著民主風潮與自由戀愛風氣，愈來愈多人勇於追求自己所愛。

◆○ 變遷社會的愛情與婚姻觀 ●

最足以說明變遷社會中的愛情與婚姻的莫過於描述徐志摩感情世界的「人間四月天」。徐志摩是中國近代史上第一個公開離婚的男人，他勇於追求自己所愛的林徽音，而抗拒父母為他安排的妻子張幼儀。但是林徽音沒有勇氣掙脫傳統的束縛，不願違背父母的期望，表現了女性所承受的壓力較男性為大。徐結識了有夫之婦陸小曼，陸離婚，嫁給徐，但婚姻沒有維持多久，徐志摩就墜機死亡，陸小曼守寡終身。如此戲劇化的人生，即使到了二十一世紀的男女可

能也不多見。

我們再以圖 1-2 來說明：

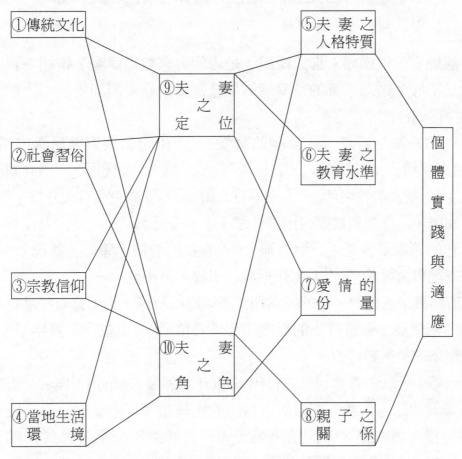

資料來源：彭駕騂，且營造幸福婚姻，1995，頁 16

圖 1-2 夫妻定位與角色各種因素圖

國內輔導學者彭駕騂 (1995) 歸納出影響夫妻關係的因素有十個，其中最關鍵為夫妻彼此的定位和角色，而傳統的婚姻主要受①至④的各因素所影響，變遷中的婚姻是逐漸降低圖中左列四項的影響力，而看重右方的四個因素。現代的婚姻更注意人格特質是否相配、教育水準是否相近、愛情的份量、尤其重視親子關係，更留心下一代的成長與發展。

婚姻中愛的成長與發展

談戀愛，很過癮；進入婚姻，是否能愈來愈過癮呢？婚姻，到底是好還是不好？婚姻，真的是愛情的墳墓嗎？最好先問問自己：「你想從婚姻中得到什麼？」

你的答案是否是：「持續的真愛」、「依賴配偶與被配偶依賴」、「溫情與愛情」、「被瞭解」、「被崇拜」、「協力完成心願」、「共同發展茁壯」、「圓滿的性生活」、「家事有人做」、「經濟生活有人分擔」等？

那麼，「你想對婚姻付出些什麼？」

你的答案是否是：「看情形」、「看我的心情、體力、狀況」、「讓我查查記事簿再說」、「看配偶對我好不好，再決定」……

若你真是這樣想，你的婚姻即使不以離婚收場，也不會有好品質。因為你的期望高，願意付出的程度卻要「看情形」。這並「不公平」，不公平的現象總是很難持續。

婚姻中，一方會拿自己的付出 (input) 和報償 (output)，與另一方的付出和報償相比。當雙方在報償與付出的比值相等，表示很公平，雙方也容易維持此種關係。若比值不相等，一方感到不公平，就會覺得不舒服，並會設法使之重新回到公平狀態。

所謂公平的選擇包括：

①要求增加對方對自己的報償，也就是希望自己能多獲得報償。

②減少自己的付出。

③減少對方所得報償。

④增加期望，希望配偶多付出。

⑤不再維持此種關係，乾脆走人了事。

這五種選擇，不論是自己少付出，或要求情人付出，都會對感情產生壓力和不利，最後可能導致一方放棄，感情關係因而瓦解。

　　人總是喜歡比較，人不但和配偶比，也常和其他人比，包括兄弟姊妹、鄰居和朋友，甚至從報章雜誌和廣播電視節目中，選擇比較的對象。一旦看到別人為感情付出少，報償卻很多，心中自然不是滋味，如果進入婚姻，八成會引起更多的不滿和抱怨。

　　結婚的人當然會和婚前的自己比，想到自己在單身階段，不必做太多，就可以有不錯的日子。如今付出明顯增加，卻不一定得到更多，這種想法可能會使人想爬出婚姻之牆，重享自由生活。

　　求人不如求己，我們只有先調整自己對婚姻的期望，不必寄望自己能得到太多報償，並調整自己的習慣，儘量對親密關係多付出一些，因為男女情侶和夫妻最珍貴的還是「真愛」。為了愛情，即使有所犧牲，依然可貴，依然無怨無悔。為了愛情——這一生中最珍貴、最高尚的親密連結，多付出時間、精神、金錢，都不覺得委屈。

　　當然，我們應練習多溝通，將自己和情人期望對婚姻的付出和報償多多澄清。如此，便更能瞭解彼此的意願、期待、能力和限制，也能共同想出比較好的辦法，來提高關係品質，使婚姻成為更值得、更有價值、更令人珍惜的關係。

　　彭駕騂 (1994) 歸納出婚姻可能有的危機原因如圖 1-3，清楚說明婚姻的困難及需要留心的部份。

　　婚姻狀態中，除了鰥寡是不能人為選擇外，未婚、已婚、分居、離婚及同居均是人為的選擇。當個人不喜歡一個人過生活，他覺得兩個人在一起可以分享心事，生活上互相照顧依賴，或者他很想有一個家庭，生兒育女，歡樂熱鬧，他就可以選擇「婚姻」的生活方式。但是當然不是說結婚就結婚，從做了選擇之後，就得將決定付諸行動。從觀察及認識婚姻做起，從事心理建設及生活準備，然後才自相識或朋友中選擇對象，進入更深層次的交往，一步一步地邁向婚姻之路，更邁向長大成熟之路。

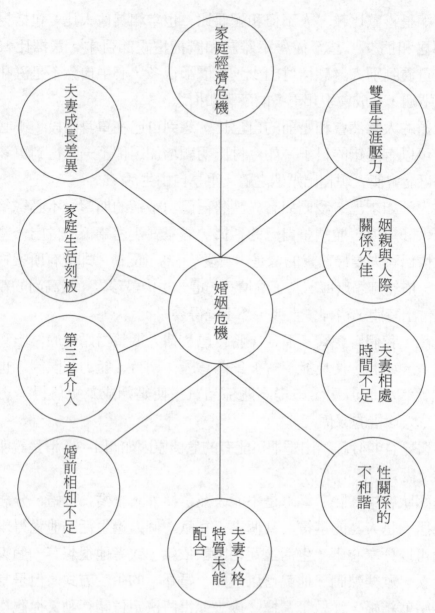

圖 1-3　婚姻危機原因圖

結　語

　　愛，是人生中最可貴的祝福，也是最嚴苛的考驗。愛的功課，是最難考一百分的，但也是學習時最有趣、最刺激的。愛的內容很複雜，需要有很好的頭腦去理解，卻又需要單純的心去體會。

　　愛、與喜歡、與性、與婚姻、與家庭，都有所關連，也是生涯規劃中必須優先加以考量的。如果能「想清楚、說明白」，把每一個環節都處理好，則可以好好享受愛情的美好。

　　愛情，是一種學問，是需要細心學習的大學問。你如果能認真留意這門大學問的各部份內容，並以「冷靜的理性」伴隨「熱情的愛」，則在愛情與婚姻中，都是個快樂的人。

問題與討論

1. 請分享你最喜歡的一部愛情電影與一首情歌，並說明你為何如此喜歡。
2. 你有什麼對兩性互動刻骨銘心的經驗，並分析這經驗對你的啟示。
3. 你如何準備自己以迎接愛情與婚姻？

第二章 chapter two

認識婚姻

學習目標：

1. 說明婚姻的法律和社會學的定義。

2. 討論「為什麼要」或「為什麼不要」結婚。

3. 分析婚姻的各種型態及每種型態的優缺點。

第一節 婚姻的真諦

在前面的一章之中,我們探索了愛情以及愛與婚姻的關係。接下來進一步地來瞭解婚姻是什麼?

你我成長的過程中,也曾經看過許多人快樂地結婚,或是痛苦地走上離婚這條路。我們從小在童話故事中看到的結果通常是:王子與公主結婚之後,過著幸福快樂的日子;而老一輩給年輕一輩的教導,主要是「男大當婚,女大當嫁」。如果有人到了適婚年齡還沒有結婚,父母與親友就會非常著急與熱心地為他(她)安排相親,希望幫助他(她)找到生命中的另一半,才算了卻心頭的一件大事。這個社會好像要每個人都結婚的樣子!

婚姻的定義

那麼,到底什麼是婚姻呢?每個人當然都可以對婚姻有所看法,在社會學辭典中的定義為:「婚姻指的是一種制度或社會規範,承認一對男女的關係,並且將他們約束於相互的義務與權利體系之中,使家庭生活得以運作。」婚姻也指社會所贊成的婚配安排(彭懷真等譯,1991)。

婚姻可定義為:「婚姻係指兩人在感情上及法律上的承諾,使他們分享情緒、身體親密、不同任務,以及經濟資源。」由此可知,婚姻的本質是包括了多層面的一個制度。

藍采風 (1996) 在歸納中國古代經典對婚姻的解釋後,認為「婚姻指的是一個男人與一個女人的結合,他們經過社會所承認的合法(公開)程序(儀典),在性關係和經濟面上都結合成一體,所生育的子女也享有合法的地位。」理想上是永久性的,是一種制度,而且必須要經過社會

的許可才行。

　　曾任美國家庭關係協會會長的波德瑞克 (Carlfred Broderick, 1984) 對婚姻的特質作了詳盡的描述，能夠幫助我們對婚姻有一個較完整的認識：

①婚姻是一種人口事件：每一個婚姻都在社會上構成一個新的社會單位。

②婚姻結合兩個家庭以及他們的社會網絡：當兩個人結婚時，並不只是兩個人的結合，也包括對方的家庭和朋友們。雖然雙方的朋友們將會受影響，但是只有那些雙方都喜歡的朋友才會成為他們共同的朋友。

③婚姻是配偶和政府之間的一種法律合約：每個政府都有明文規定配偶們的權利與義務。

④婚姻是一種經濟聯盟：大多時候夫妻會結合成一個經濟單位，以完成某些目的。夫妻成了一個社會小群體，是社會上最重要的經濟決策單位——包括買賣、借貸和分享其他資源。

⑤婚姻是成人同居最普遍的模式：比較少的人選擇獨居，婚姻是一種最普遍的成人居住安排。

⑥婚姻是人類性行為最常發生的地方：大多數夫妻都認同這一點。

⑦婚姻是一個生育的單位：大部份的夫妻都成為父母，而且覺得為人父母是他們人生中很重要的目標與價值。

⑧婚姻是提供子女社會化的單位：雖然子女也可由單親家庭、大家庭和祖父母等撫養，但孩子主要是在父母的照顧中長大。

⑨婚姻提供發展親密關係和分享人生的機會：雖然有許多婚姻失敗了，但是婚姻仍然可提供個人發展正面親密關係的環境。

　　我們可以預期：由於婚姻的普遍性和重要性，到了二十一世紀，大多數成年人還是會進入婚姻之中，所以人人都需要瞭解婚姻，並知道如何經營婚姻。

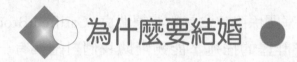

為什麼要結婚

　　從上述一些學者的解釋，我們已經大致瞭解婚姻是什麼了。但是，我們仍然很好奇地想要問：人為什麼要結婚？有些什麼主要的理由呢？

　　每個人要結婚都有許多不同的理由，而且通常包含了複雜的情況和需要。以下，我們分別就正、負面不同的理由來探討（藍采風，1996；蔡文輝，1987；彭懷真等譯，1983；Knox, 1975）：

(一)正面的理由

①愛與親密關係：找一個能夠給予對方愛心，並且能夠接受對方愛情的人，享受彼此從婚姻關係中得到的愛與親密關係。

②找伴侶：找尋足以維持長期關係的對象。

③互相支持：為了夫妻雙方能夠成為彼此的扶持與幫助，能夠相互依賴。

④分享親職：雖然結婚不一定就是生小孩，但是許多的男女都有成家、生育子女的願望，而結婚則可以將養育小孩的責任分擔給另一半。

(二)負面的理由

①反彈：這種情形通常發生在一個人失戀之後，為了報復對方，並證明自己不是沒有人愛，而隨便找一個人結婚。為了反彈而結婚當然是不太理想，因為它並非有真愛在其中，而且可能在一開始就為婚姻種下危機。

②反叛：年輕人常常因為父母親的反對，而執意要結婚。社會心理

學者研究發現，年輕人可能受了羅密歐與茱麗葉觀念的影響，使得父母親愈干涉子女的婚姻，就愈增進其與其對象之間羅曼蒂克的感情。但是這種婚姻是為了對抗他人的反對，而不是真正為了對方。

③逃避：許多人為了逃避不幸的原生家庭而想趕快結婚，以為可以藉此逃避父母親的權威管束和嘮叨，或是不愉快的氣氛與問題，或者是改變自己原本比較低的社會階層或地位。但是如果是為了這種原因要結婚，並不能保證新的家庭一定會更好，有時反而可能會更糟。

④外表的吸引力：因為被對方外表的容貌、氣質、談吐或體態所吸引而結婚的，但是很少人能夠維持不變的容貌、氣質等。婚姻需要更多心理與社會條件的配合，光靠吸引力是不夠的。一方面是因為審美的標準因人、時、地而有所不同，今天覺得美，也許明天就不覺得了，另一方面，外表的美貌會因時間而變化，時間一久，可能覺得對方不再新奇、可愛，或是有被欺騙的感覺。過份注意美色就會忽略了其他因素的重要性，兩個人潛在的衝突在婚後會造成裂痕。

⑤孤獨：有時人們會為了避免孤單，害怕一人逐漸衰老而結婚。但是結婚並不能解決問題，因為如果兩個人的關係不好，即使處在婚姻關係裡仍然會感到孤獨。

⑥同情與義務：有些人因為對方的軟弱或殘缺而生憐憫之心，有些人因為對結束二人之間的感情產生罪惡感，還有的是為了改變對方的性格或處境而結婚。但是到頭來，會發現伴侶的問題並非那麼容易就可以解決的；而對方也會因為被當成被拯救者而感到生氣（因為這使得兩人的地位不平等，並凸顯出一方的軟弱）。如此，反而使雙方感到痛苦，這樣的婚姻也很容易瓦解。

⑦社會壓力：雙親、好友和社會不但施壓給已經到了適婚年齡的單身者，認為「正常人都結婚，不結婚就不大正常。」；對於已經

宣佈訂婚或被視為一對的情侶也有很大的壓力，使得他們在面臨問題與抉擇時很難作下分手的決定，因為所有人都在關心、看著他們。但是如果因為受不了壓力而勉強在一起（或結婚）的話，也不一定能夠幸福，甚至會造成更多的痛苦。

⑧經濟原因：為了對方的財富、權力、地位，或是改進自己（或家庭）目前經濟情況而結婚的情形，存在於每一個社會、每一個階層裡。常見的有企業間的聯姻、年輕的離婚母親也可能為了照顧撫養幼兒而考慮再婚等。

⑨懷孕：就是所謂的奉子女之命結婚，通常是為了遮羞或是給孩子一個名份而結婚。

其他如外人推薦覺得適合你，但自己因自我瞭解不夠而接受。又如渴望浪漫，男生婚前體貼入微，讓女生嚮往，婚後卻忘記什麼是浪漫了。

以上這些原因，雖然不能說完全不好，但是大多數的結果並不令人滿意。因此，考慮結婚的人應該一再思索婚姻的本質，儘量避免因負面的理由而結婚。

婚姻是交換的歷程

傳統社會早已流傳：「嫁漢嫁漢，穿衣吃飯；娶妻娶妻，洗衣煮飯。」的說法，由此可看出婚姻有「交換」的特質；從結婚的禮俗方面可以看出來：例如新郎給新娘家人的聘禮、新娘帶著嫁妝嫁到夫家，這是交換；新郎入贅，也是交換；婚姻生活中，更是充滿了交換。

婚姻之中交換的本質可分成三種：

㈠基本的交換

　　基本的婚姻交換在傳統上跟性別角色有關，個人也可以將其他特質，像是社會地位、年齡、體格、教育程度等作為交易的資本。例如婦女以生養子女、做家事，以及性的賦予、體態的美麗來交換男性的保護、社會地位和經濟支持。

㈡變遷中的社會交換

　　當社會在改變，婚姻的基本交換條件也在改變。伴侶之間的交換不再只是包括實用的、經濟上的資源，轉而重視有感情、性等方面的資源。

　　傳統的婚姻功能以滿足生理需要、養兒育女，以及經濟需要為主。例如有一句名言說：「想要抓住男人的心，得先抓住他的胃。」意謂著女人若擅長烹飪，可以獲得男人的關愛。但是，現在速食餐館、冷凍食品和各種烹飪的工具愈來愈方便，這使得做飯已經不再是家庭主婦的專長了。其他各種家務事如洗衣、清理房子等，也都有許多機器或是專業人員可以替代，這種交換已隨社會變遷而改變。由於科技的進步，想要生兒育女也不一定要結婚，可以透過未婚生子、收養、精子銀行、試管嬰兒、代理孕母等獲得。再加上現代婦女在經濟方面也愈來愈獨立，不再那麼依賴男性了。

　　現代年輕人對婚姻到底抱持怎樣的看法呢？一般來說，年輕人更追求心理需要——伴侶的需要、情緒上的支持、友誼、愛情，以及非常親密的人際關係。他們逐漸把婚姻視為一種能協助自我成長和自我實踐的工具，希望能找到一個幫助自己實踐個人潛能的對象，更希望在婚姻裡雙方都能夠共同成長。

㈢男女各自貢獻，各存期待

由於社會文化灌輸給我們分歧的目標，使得男女對婚姻抱持著不同的看法。在婚姻市場裡，不少男性抱著「看看的心態」，而女性則是「認真的選購者」。在兩性不同認知與目標的情形下交往，往往會產生許多問題，甚至到了結婚之後才發現問題的所在，若是如此就太遲了。

兩性對於交往的最終目標也有所不同，有些男性只是想要找個女人娶回家當老婆，而女性則是要尋找一個可以託付終生的男人，這之中的差別與嚴重性可以想見。婚姻也許只是男性生命裡眾多選擇中的一次，但是婚姻對女性來說卻是最重要的一次。

在這樣的差異之下，我們可以想像得到當二人出現問題時，男性會傾向於再去選一個的心態，而女性則比較會傾向於設法維持原本的婚姻。這也就是為什麼男人容易有外遇，以及妻子發現後卻忍氣吞聲的原因之一。

從傳統到現代的婚姻關係

雖然婚姻是自古就有的社會制度，婚姻關係也是很早就存在的。可是傳統的婚姻關係和現代的婚姻關係卻有著很大的不同。到底從傳統到現代的婚姻關係有著什麼樣的不同？為什麼會產生這些變化呢？

首先，我們試著透過社會變遷的重要指標來比較和說明傳統婚姻和現代婚姻有何不同之處。

表 2-1

指　標	傳統婚姻	現代婚姻	說　　　明
雙方的背景	同質。	異質。	傳統的婚姻講求門當戶對，現代的婚姻較不受此拘束。
分工程度	低，簡單。	高，複雜。	從前一定是「男主外，女主內」，現在的分工則不那麼絕對了。
地位來源	規定的／先天的。	贏得的／後天的。	夫妻在傳統婚姻中的地位是固定的，男女在現代婚姻中的地位卻是可以爭取的。
角色的範圍	廣泛的／全面的。	特殊的／片面的。	傳統的角色範圍是模糊的，現代則分得清清楚楚。
規範性質	強迫／禁止。	彈性／鬆散。	傳統婚姻的約束多而嚴謹，現代婚姻彈性大，規範也不嚴格。
制裁類型	非正式的（民俗、民德）。	正式的（法律）。	傳統是透過家族中長者的決定，而現代處處訴諸法律。
變遷取向	墨守成規／傳統取向／靜態的。	創新／未來取向／動態的。	傳統婚姻不論方式、內容都相當一致，現代婚姻則更加多元。
支配性價值	神聖的／傳統的。	世俗的／科學的。	受到社會價值的影響，支配婚姻的價值觀也有所改變，以往不輕易離婚，現在則以理性去處理。
凝結基礎	相同背景。	互賴。	傳統夫妻背景相近，現代則可能差異大但互補。
凝結程度	高／文化性的整體。	低／傾向於分歧差別。	傳統婚姻的強度較強，夫妻緊密連結，現代婚姻則是兩個個體意願的結合。

　　在傳統的婚姻關係中，妻子是「嫁雞隨雞、嫁狗隨狗」，丈夫的工作如果出現異動，妻子往往要放棄自己原有的一切跟隨丈夫。但是現代的妻子則會堅守自己的職業崗位，因而出現「分居家庭」。甚至受到移民風氣的影響而增加許多有「內在美」、「內在加」的先生，也就是妻子在美國或加拿大的意思。加上許多臺商在大陸有了婚外情，使得大陸上「臺獨先生」（獨自從臺灣來的丈夫）及在臺灣的「臺獨太太」（在臺灣獨守空閨的太太）愈來愈多。

隨著女性事業發展空間更大、所得提高、男性就業空間縮小、男性對家庭管理的喜好等因素相互影響，男主內、女主外的情形也會逐漸增加。

此外，簽訂結婚協議書的比率增加，彼此不那麼相信，再加上法治觀念逐漸普及，儘量訴諸正式文字的約定。又因為文化傳統力量趨弱、社會的壓力與限制減少、貞操觀念趨淡、性關係逐漸開放、婚前與婚外性關係增加、結婚年齡延後、觀念的轉換、害怕結婚等因素的影響，使得同居、未婚媽媽人數大量增加，就連外遇的情形也愈來愈嚴重。而夫妻趨向以感情為基礎，較不受傳統倫理束縛，穩定性減低，家庭糾紛增多，離婚率提高，使得單親家庭的數目也增加不少。

五種基本的婚姻關係

不論是傳統或現代的婚姻，都常出現下列五種的婚姻關係型式（美國學者古柏等人，Cuber, etal., 1965）：

㈠衝突性的婚姻 (conflict-habituated marriage)

此種婚姻關係下的夫妻習慣於苛責、舊事重提、互不相讓，把吵架、衝突當作家常便飯，常為了一些雞毛蒜皮的小事而鬥嘴。但是，這種婚姻關係的夫妻並不一定會離婚，因為有時它正好滿足彼此心理上的需求和特殊的個性，也就是俗語所說的「吵吵鬧鬧一輩子」的夫妻。

雖然衝突性的婚姻關係對夫妻本身來說也許是他們的相處之道，甚至甘之如飴，但是孩子如果生長在充滿衝突的環境下，將會對他們在生理與心理方面的成長有不好的影響。

㈡無生命的婚姻 (devitalized marriage)

在此種婚姻關係裡的夫妻已經結婚好幾年了，彼此之間已經失去原有的趣味。不再共享許多活動，在一起的時間很少，而且大多是因為要盡夫妻義務的關係。無生氣婚姻關係的伴侶常認為婚姻就是這麼一回事；也有的是對婚姻的一種無言或消極的抗議，這樣下去雖然沒有感情，但卻也可以不必面對離婚的後果。

㈢消極無趣的婚姻 (passive-congenial marriage)

這種關係的夫妻沒有期待從婚姻之中獲得感情，夫妻之間也沒有什麼樣的大衝突，因為他們彼此很少有親密的時候。但是他們又很接受這樣的安排，他們注意錢財、子女、個人聲望和家庭生育更甚於個人的感情，所以也不易走上離婚這條路。

㈣有生命的婚姻 (vital marriage)

在有生命的婚姻裡，非常重視並享受彼此的相聚和分擔一切。夫妻覺得一起做一件事情的樂趣不一定來自事物的本身，反而是一起共事的心情，彼此因而相親相愛。但這並不表示他們的婚姻裡沒有衝突產生，只不過當衝突發生時，會設法解決、彼此溝通、讓步，因此夫妻彼此仍然保留了一些屬於個人的活動，不會因此而放棄了屬於自己的空間和時間。

㈤全盤性的婚姻(total marriage)

全盤性的婚姻關係比有生命的婚姻更重視感情，也共享所擁有的一

切：包括事業、活動和朋友等，絲毫沒有個人單獨存在的餘地。看起來太過於完美、沒有個人透口氣的餘地，並不一定比有生命的婚姻關係來得好，反而可能造成心理上的壓力，變成一種包袱。因此這種夫妻完全一體的婚姻事實上並不多見。

婚姻的經營，最好能朝著「有生命的」和「全盤性的」路發展，當然每一個人對婚姻的期待，都受到自己成長的經驗、父母親婚姻的情形、同輩朋友的價值想法，以及個人獨特性等因素的影響，多少會有些不同。但是現代社會給予人們較大的空間去選擇自己的婚姻方式，所以有以上這麼多元的婚姻，因此我們在選擇的時候可要好好地想清楚，婚後更要好好經營！

 婚姻與法律關係

 婚姻在法律上的性質

從社會學的觀點，婚姻是具有法律行為能力者自由制訂的一種契約。婚姻關係是一種協議和有效的契約，規定一個人建立起對某人在性及其他方面的約束力，（除非在相同的協議下）這個婚姻中的權利優先於目前或以後與他（她）有性關係的任何人，這個權利之時效性質一直到這個協議契約終止為止；在此契約中，參與之女子可以合法生育子女。換句話說，婚姻是獲得社會認可的配偶安排。

從法律的角度來看，結婚是一男一女以終生共同生活為目的而為的合法結合關係。以下，我們就來看看法律對婚姻有哪些規定，這些都是依據民國八十八年最新修訂在民法第四編親屬編中有的清楚記載，包括婚約、結婚、夫妻財產制、兩願離婚、裁判離婚、離婚的損害賠償、贍養費與財產收回、子女的監護與離婚訴訟等。

　　我國民法並未直接明文規定婚姻的意義，但一般認為婚姻是以終生共同生活為目的之一男一女適法的結合關係。因此，我國民法所謂之婚姻，有兩種意義（林菊枝，1996）：

①指一男一女發生夫妻關係之意思表示，即結婚行為；屬於契約性質，也叫做婚姻契約，通常包含訂婚及結婚。訂婚乃婚姻契約之預約，結婚則為婚姻預約的本約。

②指一男一女結婚後以終生生活為目的之結合關係，即夫妻關係。

(一)婚　約

　　首先，結婚之前是不是一定要先訂定婚約？像是海誓山盟、定情之物和訂婚儀式。為什麼有人沒有訂婚就結婚了？還有人訂婚、結婚在同一天舉行？答案是：結婚之前並不一定須有婚約的訂定。所以婚約的有或沒有、方式的異同並不會影響到結婚，但是因為我國民間自古以來有結婚之前先訂婚的習慣，因此法律也針對婚約作了以下規範：

　　民法第九百七十二條（婚約之訂定）：
　　　婚約，應由男女當事人自行訂定。

　　所以傳統中的「父母之命」、「媒妁之言」，甚至是「指腹為婚」都沒有法律約束的效力。

　　民法第九百七十三條（訂婚年齡）：
　　　男未滿十七歲，女未滿十五歲者，不得訂定婚約。

　　所以，即使男女雙方共同訂定婚約，但是若未達法定年齡也是無效的。

　　民法第九百七十四條（未成年人訂婚法定代理人之同意權）：
　　未成年人訂定婚約，應得法定代理人之同意。

　　「未成年」指未滿二十歲，而「法定代理人之同意」指的是未成年人訂定的婚約，須經法定代理人的同意才能生效。若是沒有，則法定代理人可以向法院請求撤銷該婚約，不過，法定代理人只有同意權，而沒有代替未成年人訂定婚約的權利。

　　所以，如果未成年，所訂的婚約必須要有法定代理人的同意才行。因此所謂的私訂終生，對未成年人來說沒有法律上的意義。

　　民法第九百七十五條（婚約之效力）：
　　婚約不得請求強迫履行。

　　婚約不能強制履行，因此誰都不可以逼你履行婚約；男女雙方都可以任意地悔婚，稱為「違反婚約」。另一方只能請求損害賠償，而不能訴請履行婚約。

　　不過，婚約雖然不得請求強迫履行，但是若沒有民法第九百七十六條所列的情形之一，也不得解除婚約。說得清楚一點，就是如果你後來反悔了，可是沒有正當理由（法律所規定的），只能夠消極地「違反婚約」，而不能積極地「解除婚約」。

　　民法第九百七十六條（解除婚約之事由及方法）：
　　婚約當事人之一方，有下列情形之一者，他方得解除婚約：
　　一、婚約訂定後，再與他人訂定婚約，或結婚者。
　　二、故違結婚期約者。
　　三、生死不明已滿一年者。
　　四、有重大不治之病者。
　　五、有花柳病或其他惡疾者。

六、婚約訂定後成為殘廢者。

七、婚約訂定後與人通姦者。

八、婚約訂定後受徒刑之宣告者。

九、其他重大事由者。

婚約的解除，由一方當事人為解除婚約的意思表示即可，不必對方同意，也不用到法院請求解除婚約的判決；可用口頭告知、信函表示或由第三人傳話均可。

(二)結 婚

關於結婚，法律上又有哪些規定呢？

1.結婚之形式要件

民法第九百八十二條：

結婚，應有公開儀式及二人以上之證人。

經依戶籍法為結婚之登記者，推定其已結婚。

證人不一定要是證婚人，在場的親友或賀客只要具有行為能力，親見結婚的舉行並願意證明者都可當結婚的證人。

而且結婚不必有書面的結婚證書，因此也不必證人簽名。所以當夫妻吵架時，即使有一方把結婚證書給撕了，兩人的婚姻關係仍然存在。

2.結婚之實質要件

⑴須達法定之結婚年齡

民法第九百八十條（適婚年齡）：

男未滿十八歲，女未滿十六歲者，不得結婚。

⑵未成年人結婚須得法定代理人之同意

民法第九百八十一條（法定代理人對於未成年人之結婚同意權）：

未成年人結婚，應得法定代理人之同意。

⑶須非禁婚親屬間之結婚

民法第九百八十三條（近親結婚之限制）：

與下列親屬，不得結婚：

一、直系血親及直系姻親。

二、旁系血親在六親等以內者。但因收養而成立之四親等及六親等旁系血親，輩分相同者，不在此限。

三、旁系姻親在五親等以內，輩分不相同者。

前項直系姻親結婚之限制，於姻親關係消滅後，亦適用之。

（也就是說，即使當初造成二個人成為姻親關係的婚姻結束之後，此二人仍然不能結婚）。

第一項直系血親及直系姻親結婚之限制，於因收養而成立之直系親屬間，在收養關係終止後，亦適用之。

※如何計算親等？

用圖表示如下：

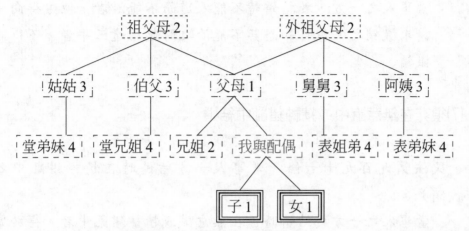

附註：1.圖中的每一條線代表一個親等，格子中的數字表示由自己算起的親等。
　　　所以我和父母親為一個親等；我與姊姊為二親等；我與表姐弟為四親
　　　等，以此類推。
　　　2.圖形不只如此，仍可延伸。

(4)須無監護關係之當事人間

　　民法第九百八十四條（監護人與受監護人結婚之禁止）：
　　　監護人與受監護人，於監護關係存續中，不得結婚。但經受監
　　護人父母之同意者，不在此限。

(5)須非重婚

　　民法第九百八十五條（重婚之禁止）：
　　　有配偶者，不得重婚。
　　　一人不得同時與二人及二人以上結婚。

(6)須非不能人道

　　民法第九百九十五條（當事人之一方不能人道之撤銷）：

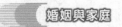

當事人之一方，於結婚時不能人道而不能治者，他方得向法院請求撤銷之。但自知悉其不能治之時起已逾三年者，不得請求撤銷。

(7)須非在無意識中或精神錯亂中結婚

民法第九百九十六條（當事人一方結婚時在精神錯亂中之撤銷）：
當事人之一方於結婚時係在無意識或精神錯亂中者，得於常態回復後六個月內向法院請求撤銷之。

(8)須非被詐欺或被脅迫

民法第九百九十七條（被詐欺脅迫而結婚之撤銷）：
因被詐欺或被脅迫而結婚者，得於發見詐欺或脅迫終止後，六個月內向法院請求撤銷之。

3.婚姻之普通效力

(1)姓　氏

民法第一千條（夫妻之冠姓）：
夫妻各保有其本姓。但得書面約定以其本姓冠以配偶之姓，並向戶政機關登記。
冠姓之一方得隨時回復其本姓。但於同一婚姻關係存續中以一次為限。

(2)同居義務

民法第一千零一條（夫妻之同居義務）：
夫妻互負同居之義務。但有不能同居之正當理由者，不在此限。

同居之意義，不僅指居所或住所同一而言，尚包括同床共居之共同生活經營。不過，妻不再以夫之居所為居所。

(3)日常家務代理權

民法第一千零三條（日常家務之代理權）：
夫妻於日常家務，互為代理人。
夫妻之一方濫用前項代理權時，他方得限制之，但不得對抗善意第三人。

(4)扶養義務

民法第一千一百十四條（互負扶養義務之親屬）：
下列親屬互負扶養之義務：
一、直系血親相互間。
二、夫妻之一方，與他方之父母同居者，其相互間。
三、兄弟姊妹相互間。
四、家長家屬相互間。

(5)繼承權

民法第一千一百三十八條（法定繼承人及其順序）：
遺產繼承人，除配偶外，依下列順序定之：
一、直系血親卑親屬。

二、父母。

三、兄弟姊妹。

四、祖父母。

4.夫妻財產制

夫妻財產制就是關於夫妻相互間財產關係之規定。因為夫妻結婚後經營共同的生活，難免發生財產上的糾紛。而這些糾紛並非普通的財產法所能處理，所以，民法特別設立夫妻財產制加以規範。

民國八十八年七月二十二日行政院會通過「民法親屬編暨其施行法」修正草案，廢除現行法定財產制的「聯合財產制」，改以「分別財產制」為基本架構的「所得分配財產制」。

從以下的表格我們可以更清楚夫妻財產制修正前後的不同（林益民，1999）：

表 2–2

比較項目	聯合財產制（現行）	行政院版夫妻法定財產制草案
財產種類	一、原有財產 　聯合財產中夫或妻於結婚時所有之財產，及婚姻關係存續中取得之財產，為夫或妻之原有財產，各保有其所有權。 二、特有財產 　專供夫或妻個人使用之物、夫或妻職業上必需之物、夫或妻所受之贈物，經贈與人聲明為其特有財產者。	一、婚前財產 　夫妻結婚時所有之財產，如嫁妝、繼承、財產、存款等。 二、婚後財產 　夫妻婚姻關係存續中取得之財產。
財產所有權	不分財產種類均屬各自所有。	同左。
財產管理權	一、聯合財產原則由夫管理；例外得約定由妻管理。 二、特有財產各自管理。	無分財產種類均為各自管理。

管理費用負擔	一、聯合財產管理費由管理權之一方負擔。 二、特有財產管理費各自負擔。	夫妻各自負擔。
財產使用及收益權	管理權之一方對他方之原有財產有使用、收益之權。	無分財產種類，夫妻各自使用、收益。
財產處分權	管理權之一方於管理必要範圍內獲得他方之同意，得處分他方之原有財產。	無分財產種類，夫妻各自處分其財產。
債務清償責任	依財產種類之不同區分責任歸屬，關係較為複雜。	夫妻各自對其債務付清償責任。
保全措施	無。	訂定婚姻關係存續中夫妻一方所為詐害他方剩餘財產分配請求權之行為，他方得聲請法院撤銷之。
剩餘財產分配請求權	僅以現行第一千零三十條之一規範夫妻剩餘財產之分配。	修正現行第一千零三十條之一，並增訂第一千零三十條之二至之四等條文，補強現行法之不足。

　　修正後的夫妻財產制將可取消原本夫妻財產中雖然共有卻是由夫來管理的不平等現象。使夫妻各自管理、使用、收益、處分其所有財產，各自對其債務付清償責任，避免妻子在離婚之後還要負責清償丈夫所欠債務的問題。

　　新修正案承認夫妻於婚姻關係中具有相等的獨立人格與經濟自主權，也肯定家庭主婦的勞力貢獻，明訂家庭生活費用由夫妻各自依其經濟能力、家事勞動或其他情事分擔。

　　未來夫妻財產制將分為「法定財產制」、「共同財產制」和「分別財產制」三種，並採登記主義，如果夫妻不向法院辦理登記，即採法定財產制。

　　因此，當情侶們結婚時，他們可以簽兩個契約：夫妻與政府或社會在法律上、社會上的婚姻契約（如結婚證書），以及伴侶二人私下的個人婚姻契約（如結婚協議書）。

　　法律與社會的契約並不一定指的是一張紙，有時是隱藏或是在人們

的意識知覺之外的。雖然它並不常被提起，但是它卻影響著夫妻彼此的思想、感覺和行動。個人的婚姻契約包括思考、協調，以及一個關於你和伴侶行為期待的協議。不過，伴侶之間需要時常重新調整契約以適合因時間而改變的彼此，避免契約變得太嚴格或不切實際。畢竟，訂定婚姻契約的目的並不在於將法律處處嚴格執行，而是在於協助伴侶積極地對彼此的親密關係有一較清楚的規範。

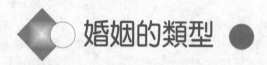

◆ ○ 婚姻的類型 ●

在瞭解了婚姻的真諦之後，我們要再從各個角度，來看看婚姻它有哪些不同的類型：

㈠內婚 (endogamy)

指的是相同社會群體成員的結合。每個社會都有同質婚的規範，最常見的是規範夫妻要來自相同的年齡層、種族、宗教、部落、社會階級等等。

㈡外婚 (exogamy)

指的是個人被禁止在他所屬的特殊團體內選擇配偶結婚。例如，反對同性、同姓或是親族之間通婚。

㈢同質婚 (homogamy)

指擇偶的雙方在選擇對方時會挑選各方面特質和自己相似或相關的人，也稱作「相稱婚姻」。

同質婚有助於原群體的凝聚力，並延續該群體的傳統價值規範。

因此，同質婚的夫妻通常在生理（包括年齡、身高、體重、健康、美醜、種族等）、社會地位（包括經濟狀況、教育程度、智商等）、社會態度（包括宗教、女權、婚姻觀念、子女、社會參與等）等方面趨向於相同。

㈣異質婚 (heterogamy)

認為擇偶條件傾向選擇各方面特質和自己不一樣的人，可以彌補自己的短處。

異質婚有助於加強不同群體之間的關連及融合。例如，中國歷史上常見的「和親」以及現代的「企業聯姻」。

㈤單偶婚 (monogamy)

是社會所許可或制度化的婚姻方式。因有一男與一女相配，夫妻雙方均不得多於一個，因此又稱為「單婚制」或「一夫一妻制」。

一夫一妻制形成的原因有五（龍冠海，1966）：

①兩性人口數相近：社會上成年男女的數目大致相等，一夫一妻制可以使男女結合以取得平衡。如果採用多偶婚的話，將會使許多人無法成婚。

②經濟的考慮：如果要供應多位配偶的支出，將是很沈重的負擔。

③性的考慮：人的性能力有其限度，如果要求過多將會造成不良的

後果，因此也約束了配偶的性活動。

④教養子女較為適當：因為夫妻的地位平等，沒有妻妾的高低與嫡庶的貴賤之分，子女能夠獲得平等的待遇，親子之間的感情才不會產生偏頗。

⑤適合小家庭制度：一夫一妻制最適合於現代社會普遍採用的小家庭制度。

⑥基督教文明的普及：聖經中主張夫妻要互相忠誠，隨著基督教的傳播，此一觀念廣被接受。

(六)多偶婚 (polygamy)

配偶的任何一方可以多於一個，又稱為「複婚制」。包含有兩類：

1.一夫多妻制 (polygyny)

一夫多妻制是一個男人可以同時有兩個或更多的合法妻子。一夫多

妻形成的原因有三：

①生物的：男人的性慾較高，並希望透過生育更多的子女來鞏固自
己的勢力。

②經濟的：多娶妻可以增加勞力和收入，並減輕主妻的家務重擔。

③社會的：提高個人的社會地位。

後二者在原始部落之中特別重要，男人為了提高聲望和增加財富而
多娶妻，有時候甚至是出於首妻的要求。

但是，多妻在婚姻調適方面也面臨二種主要問題：嫉妒和家務分
工，而感情的不忠不貞更是嚴重的問題。

2.一妻多夫制 (polyandry)

一妻多夫制是一個女人同時可以有兩個或更多的合法丈夫。一妻多
夫制的發生，主要因素有二個：

①性比例不平衡：通常是因為男多於女，或是有殺女嬰的習俗，如
西藏的某些區域。

②經濟因素：丈夫一人的收入不足以使妻子維持溫飽，則由多夫共同負擔。此種情形多發生在下層階級。

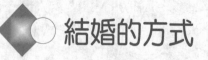 結婚的方式

婚姻是一種關係，結婚主要是一種儀式，不僅婚姻的類型有許多種，結婚的方式也有許多不同之處：

 結婚的方式

1.交換婚 (marriage by exchange)

兩個男人以其姊妹或女兒相交換，做為自己、兄弟或兒子的妻子。

2.買賣婚 (marriage by purchange)

男人給予女方父母或親屬一些代價而與女方結婚，就像在做買賣

一樣。

3.服務婚 (marriage by service)

男方到女方的家裡去服務一段時間之後，才可以娶女方。在這段期間內，女方家庭可以觀察男方的行為、技能。有些地方，男人因為家境貧窮，付不出聘金，所以到女方家服務。

聖經中記載的雅各，在舅舅家中做七年的工後娶了利亞，並為了娶心愛的拉結再為舅舅做七年的工，就是一個很明顯的例子。

4.掠奪婚 (marriage by capture)

以俘虜、佔領的方式搶奪對方身體、財物而達到結婚結果者稱為掠奪婚。例如歷史中常出現有山賊搶奪過路人的財物、金錢，甚至強娶女子回去作押寨夫人的故事，就是掠奪婚的一個明顯例子。

5.自主婚 (marriage by self-determination)

指婚姻是由男女雙方自己決定的，而不是因為受到外力（父母之命、利益、暴力等）過份介入的結果。就像現代人多傾向於自由戀愛結婚，而不是講求門當戶對一樣。

 ## 傳統的婚姻方式

1.以丈夫為中心的傳統婚

傳統婚 (traditional marriage) 依照社會對夫妻的嚴謹角色定義而生活和互動，是穩定社會中最常見的夫妻搭配方式，也是一般人最熟悉的婚姻方式（彭懷真，1996）。

丈夫和妻子都接受社會對他們婚姻生活的要求：丈夫負責家庭的經濟收入，妻子則負責家務。丈夫作丈夫應該做的事，妻子做妻子應該做

的事，每個人做好自己分內的事，各有各的責任，也不會去插手對方的事。

因此，夫妻生活的互動關係漸漸養成習慣，被看電視、報紙、帶孩子、教養小孩、整理房子等日常事務佔去許多時間。雙方都認為這樣的生活會繼續下去，所以也不必去作什麼革新或變動，凡事依照慣例、一成不變。

此種婚姻關係裡的人際關係是以「父子倫」為基礎而逐漸擴張的，而且可以從父權制度、父系傳承的社會中看得更清楚。例如從父姓、女方嫁到男方家等。

2.上帝旨意結合的基督教婚

猶太—基督教婚 (Judaic Christian marriage) 一直是歐美社會傳統婚姻的典型，堅持一夫一妻制，強調夫妻彼此守貞（天主教亦同）。他們相信婚姻是上帝的旨意造成的，不得輕易改變，婚姻是長久的事，而性行為也必須在婚姻之內才能蒙受祝福。

此種婚姻關係裡的人際關係強調「夫妻倫」，重視配偶之間的配合與相互扶持，進而養育子女，因此父母對子女有著神聖的責任與義務。在基督教婚姻之中丈夫是一家之主，但是並沒有絕對的權威，因為聖經記載著：丈夫要愛妻子如同愛自己一樣。

3.婚姻是永恆的永生婚

摩門教是基督教中一個分支，主張婚姻是永恆的，因此被稱為永生婚 (eternal marriage)。

摩門教看重婚姻是延續到永恆的，夫婦一旦結合之後，就得計畫永久生活在一起，而且只有藉著婚姻關係去提升未來的精神境界，才能得到永生。同時，父母子女的關係也是永恆的。所以，此類婚姻從夫妻、子女，擴展到親戚關係，都是一種整合式的永久關係。

此種婚姻允許一夫多妻，但是性關係只限於婚姻之內，婚外的性關

係是被禁止的。而且宗教高度融入婚姻關係與家庭生活之中，不容觸犯禁忌，雖然離婚偶而被允許，但是也一定要經過嚴格的測試之後才會放棄。

這三種婚姻關係有三個重要的共同特質：穩定、性的約束、離婚的可能性低。

現代的婚姻方式

隨著時代的改變、女性有更多的自主能力、男女平權的觀念升起等，婚姻關係也不再像傳統的一樣了。婚姻的現代想法已經演變為包括愛情和個人滿足。所謂的現代婚姻關係也可以分成以下三種：

1.感情至上的內在婚

最能代表內在婚 (intrinsic marriage) 意義的就是「兩位一體」，表示發自內在的強烈委身。在這種婚姻關係中，夫婦彼此有濃濃深情，把對方當作自己生活中的核心人物，眼中只有對方，容不下別人。因此，不願意看到別人和他（她）在一起，有強烈的情感獨佔性。而其他的事業、朋友、親戚，甚至個人的意願，都變得微不足道了。

很多人都羨慕這樣的婚姻，但是要能持續並不是一件容易的事。一對想擁有內在婚的夫婦，必須對婚姻關係時時採取主動、不斷保持注意力與熱戀式的關心，因此需要付出相當的時間與精力。

2.實用價值的功利婚

功利婚 (utilitarian marriage) 特別強調婚姻中有利的功能性效用，每對夫妻都有各自認為有利的著眼點。只要各取所需，相安無事，也不妨礙婚姻關係的共存。因此經濟性、政治性、家族性結合的比例都高於情感性。

雖然還是保有感情或性，但是這種婚姻關係的核心是互相利用。他

們不會輕易地離婚，而是會謹慎地安排婚姻生活，維持表面和諧的關係，因為一旦離婚，各種利益也往往會隨之動搖。例如，企業之間為了取得商業上的優勢而產生的「聯姻」。

3.彈性協調的開放婚

開放婚 (open marriage) 是美國人類學家歐尼爾 (O'Neill) 夫婦所提出的，在美國是十分普遍的觀點。他們認為開放的婚姻可以在許多方面改變封閉婚姻的不切實際期待，例如：配偶不應被期待滿足對方所有的需求、夫妻雙方可以從衝突中逐漸調整改變、尊重配偶擁有獨立的思考、不必刻意遷就另一方等。

開放婚姻關係具有獨特的親密平衡、人際默契和彈性協調等特質，著重每個人的適度改變與成長。強調此時此刻與面對現在，有濃厚的個人主義和現實主義的色彩，夫婦可以各自發展自己的興趣、關心自己的目標，進而自我實現。

要持續這種婚姻的要素有：平等、相互信任、保持彈性、創新與多變。

 ## 四 婚姻關係的變體

婚姻的變體與正統的婚姻制度有明顯差異，婚姻的變體是對社會既有的婚姻定義提出挑戰而產生的。包括了下列五種：

1.換夫換妻的搖擺婚

搖擺婚 (swinging marriage) 是正統婚姻的一種變化。除了贊成交換配偶從事性活動之外，其他部份都與一般的婚姻沒有什麼不同，它也是要法律的許可，大部份時間依婚約扮演夫妻的角色，也不贊成離婚，只是藉著交換性伴侶以享受性刺激而已，因此有類似「換妻俱樂部」、「換夫俱樂部」的組織產生。

2.先試後婚的兩段婚

兩段婚 (two-step marriage) 也就是所謂的「試婚」(trial marriage)。方式則是：第一段：青年男女先同居，可享受性生活和經濟分擔，但是先不要有小孩。第二段：取得長久的婚姻許可，並且開始生育子女。「試婚」是恆久婚姻關係的前奏，如果在第一階段中發現彼此不滿意或是不相配，隨時可以結束。

贊成的人士認為這樣做有幾點好處：

①可以肯定對方是適合自己的人。

②可以獲得穩定的性關係。

③延緩作父母的時間，直到兩人適合作父母為止。

④可以避免離婚等。

但兩段婚中處處是危機，也很容易觸礁。

3.同居不生子

臨時婚 (temporary marriage) 就是深受享樂主義和個人主義影響的人們所主張的，他們認為：一對男女可以有性生活卻不必結婚，更不必生育。它近似婚姻關係，卻沒有合法婚約。當他們在一起時，具有實質的夫婦關係，但是當他們想要改變時，關係就不再延續，可能恢復單身、各自結婚或轉換婚姻關係。可以說是要聚則聚，要散則散，誰也不負誰，唯一重要的就是避免生小孩。

4.三人以上的群體婚

群體婚 (group marriage) 不同於傳統對婚姻的定義為兩個人的結合，而是想要有三個人以上的組合婚姻，是由一對、兩對、三對或再加上一個人所組成一個以群體為單位的婚姻關係。

這種婚姻多半很複雜，因為是一群人住在一起，有複雜的性關係，沒有某一個關係是必須忠誠的。由於組合的重點是性生活和經濟利益的

分擔，除非互相尊重，否則很容易發生衝突，而且，光是要好好經營兩個人的婚姻就需要花費很大的心思了，更何況是那麼多人的複雜關係。所以，真正採行的人是少之又少，而且結果也都不太好，因為彼此會互相猜忌，破壞原有的關係。

5.同性婚

還有一種婚姻關係的變體，就是同性婚。近年來，同性戀的議題一直受到全世界的熱烈關注與討論，也有愈來愈多同性戀者辦理結婚手續，進而組織家庭。

因為屬於婚姻關係的變體，與傳統一男一女的婚姻相當不同，是由二男或二女所組成。雖然也是同樣兩情相悅、海誓山盟，但是除了要面對社會大眾異樣的眼光之外，也難以用一般自然生育的方式獲得孩子。

既然是婚姻的變體，表示它們尚未為整個社會所接受，因為雖然它們聲稱可以避免婚姻中某些問題的產生，但是相反的，它們也會衍伸出許多其他的問題，因此在做決定之前一定要先好好地瞭解它們，再去做判斷。

結　語

瞭解婚姻的真諦包含認識什麼是婚姻、人為什麼要結婚、婚姻的本質是什麼、婚姻關係在傳統和現代有什麼不同、以及它和法律之間存在著什麼樣的關係等等。婚姻的類型、方式也有很多種，認識這些之後，更重要的是我們要學習去判斷，才能決定自己是否要結婚、要選擇什麼樣的婚姻、以及需要有什麼樣的準備、如何充實自己等，畢竟婚姻是自己的，必須自己負責，別人能給的也只是建議，不能代替我們走婚姻之路。

問題與討論

1.為什麼婚姻有如此豐富的定義與多元的解釋？

2.為什麼國家要以法律對婚姻有所規定？

3.你比較喜歡哪一種的婚姻方式？你認為婚姻方式與生涯規劃有哪些關連性？

第三章 chapter three

婚姻適應

學習目標：

1. 說明婚姻靠經營，唯有好好安排，才可能使婚姻生活幸福。
2. 婚姻是兩個不同個性、背景、專業和家庭環境的人所組合的，有許多適應的功課需好好學習。
3. 婚姻要成功，具備許多要件，唯有累積更多籌碼，婚姻才容易圓滿。
4. 探討家庭決策和婚姻中應有的決策。

一　婚姻是終結戀愛的殺手？

你一定聽過這樣的說法：「婚姻是戀愛的墳墓，一旦結了婚，愛情便宣告死亡。」彷彿當一對戀人走入婚姻後，生活之中要面對的主要是柴、米、油、鹽、醬、醋、茶這開門七件事，其他還有房貸、子女教養、夫妻在各方面的協調、家族姻親的人際相處等問題，再怎樣偉大，甚至是至死不渝的愛情也可能會被磨光。

離婚率節節上升，離婚對數從 1989 年的二萬五千對，到 1999 年升高到四萬九千多對，增加了近一倍。也就是每 4 對結婚時就有一對正在離婚。他們在結婚的時候難道不是彼此相愛，許下要互相扶持、照顧的承諾？離婚是他們願意或者預期得到的嗎？

每對新人在一同走上紅毯的時候，大多有要一同經營婚姻的心意，然而，在婚姻生活之中有很多無法預想得到的事，這也是人生中一段可貴的歷程，夫妻之間彼此的愛情只是經營婚姻的基礎，還必須經由互相的支持、體諒、及不斷的溝通、適應，才能一同面對生活上的各種情況，這樣，走進婚姻才會是不斷有戀愛的開始。

二　婚姻是「小倆口」的事？

我們也可能會聽到有人這麼說：「結婚是我倆的事，關別人啥事？我是要嫁給你（娶妳），又不是嫁給（娶）你們家」。不錯，每一個想要結婚、想要廝守一生的對象是他（她），不是他（她）的家人。但是，這不意謂著結了婚後就各過各的，和原生家庭家人不相往來，人大多成長自家庭，是很難和家庭分割的，而且所謂親情是天倫，家人結了婚還是家人，依舊會關心他的生活狀況，兩家子人往來互動，自然狀況也就不少，這也就是婚姻生活必須要面對的一個課題。

針對婚姻滿足，有些學者從事相關的研究和探討，新婚者的婚姻滿

足與姻親的支持成正面相關（藍采風，1996）；雙方姻親的關係都會影響夫妻對婚姻關係的滿意度（彭駕騂，1994；彭懷真，1996）；因姻親、婆媳問題導致夫妻離婚的例子不少（彭懷真，1996）。從兩人生活變成兩個家庭的生活，所帶來的是更複雜的問題，都需要夫妻共同耐心面對和解決。

 第一節　建立婚姻生活的共識

　　婚姻不等同於戀愛，結婚是從兩個人的生活到兩個家庭的生活，當兩個來自不同生長背景家庭的人，各自帶著在自己家庭所形成的觀念、想法，要一同生活，朝夕相處在同一個屋子裡時，一定會出現不一致的地方。從使用牙膏不一樣、喜歡的家具顏色不一樣等小處，大到對孩子教養方法的不同等等，這些絕對不同於戀愛時所經驗到的。所以，婚姻中需要建立共識、需要互相尊重、需要包容伴侶與自己不同的部份，目的就是要能適應婚姻生活，一同走這條人生的道路。

 ## 尊重個人的獨特性

 ### 一　每個人都是獨一無二的個體

　　我們一定知道，世界上沒有兩個完全相像的人，就算是雙胞胎也不是百分之百相像，每個人在這個世界上都是獨一無二，所以，這個世界才會如此多采多姿，可見這個獨特性是多麼的可貴。正因為伴侶有他的獨特性，我們才會被他所吸引，因為他的特點可以補足自己欠缺的部份，或者使自己的優點、特色更能發揮，才讓彼此的關係更緊密。

所以，人都有獨立的需求，因為當自己的獨特性不被肯定時，會無所依循，與人互動就會產生更多的問題。在婚姻中，常會希望對方配合自己，希望他改變，好符合自己理想中伴侶的形象。對方的行為，看起來都有那麼一點不夠標準，我們就會想，要是他再對自己好一點，再多做一些什麼就更好了，這是著重在對方還缺少了什麼的角度。但是，我們可能忽略了，以伴侶的個性、特點來說，他已經做到了什麼。我們或許可以從尊重伴侶的獨特性為基礎，去看他已經做到了什麼，這樣會減少期待落空的失望，進而減少可能產生的衝突。

 ## 二　婚姻是一加一等於三

　　一加一等於三，這是如何說起呢？我們用下列左圖來說明：A 是先生，B 是太太，C 是兩人交集、共有的部份。這是兩個獨立的圓，放在一起後，產生了交集的部份，既有自己原有的，也有共有的，無損原來的圓。只有兩個完整的圓，才能看得到交集，如果其中一個圓有缺損，不僅看不到交集，原來的部份也看不見了，就好像下列右圖一樣，傳統的婚姻，常像是如此，丈夫如 A，妻子如 B，依附在丈夫的勢力之中。

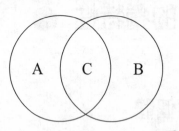 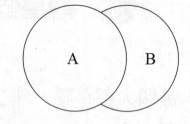

圖 3-1

　　這也就是說，在兩個獨立的人結合之下，創造出的共同生活是彼此的一部份，也是共有的一部份。在建立婚姻生活的共識上，先建立能尊重彼此的差異和獨特性的心態，再來談怎麼共同面對婚姻生活中的問題。

共同決策家庭的事務

我們再延續上段所談的夫妻共同創造婚姻生活中相融的部份，也就是這段所要談的：夫妻共同決策家庭的事務。

一　共同決策中的權力關係

在瞭解夫妻共同決策家庭事務之前，要先對幾個問題來做思考和瞭解：包括夫妻對問題的看法、問題的重要性和意義、誰來決定問題要怎麼處理、之後又是誰去執行這個決定等等。決策如何達成，端看彼此關係中的權力關係（陽琪、陽琬譯，1995）。先瞭解這樣的權力關係後，我們才能去思考怎麼達成夫妻共同決策家庭事務。

蔡文輝(1991)指出，夫妻之間的權力型態有四種：

①妻子主宰：妻子做的決定比丈夫多的多。

②綜融性的：夫妻間的權力幾乎平等，他們共同商議做決定。

③自主性的：夫妻間的權力幾乎平等，但是夫妻各有自己的決定領域，在自己的領域中自己決定要怎麼做。

④丈夫主宰：丈夫的權力範圍較妻子大。

不管家庭中的權力型態是哪一種，最重要是能互相尊重，依照兩人的特質、專長、環境狀況來決定是由哪一個人作決定，而不是只因為他（她）是男人或女人，權力就應該比較大。

二　共同決策的過程

夫妻之間的決策影響婚姻與家庭，最好能充份而適當地考量，從「最適化決策模式」的步驟來看，此模式主要分為六個步驟（李茂興等

譯，1996）：

①確定有做決策的必要：看到家庭及婚姻中的問題已經和現況有明顯差距了，或造成困擾，這就有做決策的必要了。

②確認決策準則：做決定之前，先考慮哪些因素、標準是必要的，將這些條件列出之後，再來考慮下一個步驟。例如，決定孩子要上哪一個幼稚園，可能需要考慮學費的多寡、距離家的遠近、方不方便接送、學校設備、教育方式等。夫妻倆應多考慮，並將這些因素先列出，再依據這些標準做考慮。

③分配準則的權數值：將考慮的因素依據重要性做分數的設定，例如上面的例子中，將選擇幼稚園的因素列出後，分別給予不同的計算標準，依此做分數的計算。

④找出可行的方案：找出可依解決問題的各種方式，如甲案、乙案、丙案等。

⑤評估所有的方案：把幾所學校的共同因素列出，這些因素都是自己所決定的考量準則，再從分數中看出各種方案的優缺點，算出各校的總分。

⑥選擇最佳方案：選出這些優點得分最高的一個方案，就選擇這一項。

這個「最適化決策模式」是夫妻共同決策可選擇的一個模式。當然不是說每個步驟一定要做得很好，都一定要做到，這是一個參考，重要的是能互相瞭解對方的想法，考量對方的需要，經過討論後再決定，這就是共同決定家庭的事務了。

包容婚前與婚後的轉變

在此先舉個熟悉的例子：陳太太：「你以前都會常常送我花，稱讚我今天打扮得很好看，可是，自從結婚後，我換了髮型你都看不出來，

你是不是不愛我了？」

　　陳先生：「唉呦，我每天拼命工作，回家都累死了，哪有心情常買花，而且你怎麼穿都好看，幹嘛還要說什麼？」

　　類似這樣的對話，在很多婚姻生活中真是屢見不鮮，也因為先生和太太重視的事情不太一樣，造成兩個人的誤解，太太覺得先生不夠重視她，不像婚前那麼溫柔聽話。這個問題是，婚前婚後到底有沒有變？婚前婚後到底有什麼重要的不同？

一 角色多樣了

　　婚前婚後的變化，可以從「角色」來瞭解，這樣，我們便可知道，「變」為什麼會產生。

　　角色，在社會學的解釋就是個人在特殊情境下的行為表現（彭懷真等譯，1991）；角色，是依地位而來的行為模式（陳光中等譯，1992）。結婚以後，必然是承擔了新角色，而有角色的變化。例如：結婚後的男人成為「丈夫」及「女婿」，有了孩子後，成為「父親」，這些就是角色的變化。

㈠彼此之間的角色

1.婚　前

　　一對戀人在彼此之間所扮演的角色就是你是我的男朋友、女朋友，對對方的期待就是情感的滿足，彼此的互動是在於兩人之間，約會完還是回到各自的家庭。

2.婚　後

　　此時，從情侶變成配偶，共同組成家庭，就要面對經濟問題、養育

問題、家務分工的問題、彼此工作的問題等等，要做的事多了很多，這也就是因為要扮演的是丈夫、妻子、父親、母親的角色。就像前面那個例子，陳先生結婚後，因為要負擔家計，將重心和注意力放在工作上，而不像婚前，因為是情人的角色，而比較將重心放在送花、稱讚的事情上。這當然不是說，婚後就不需要送花和稱讚太太，這只是要說明，因為結婚之後，所扮演的角色不同了，要做的事情和被期待的行為會不太一樣，如果能瞭解這樣的道理，就不會誤會對方對自己的感情變了。

(二)人際間的角色

1.婚　前

彼此都扮演為人子女的角色，還沒有義務為對方家庭做什麼事，角色上也僅止於在雙方家庭中兒子、女兒的情人。所以，對方家庭當然以禮相待，當作朋友一樣招呼，自然沒有期待和義務，這時和雙方家庭的關係還只是間接、單純的。

2.婚　後

在雙方的家庭中，成為人家的媳婦、女婿，被期待的行為就不一樣了，需要盡孝道，分擔家中的問題，看看你是否是一個稱職的媳婦、女婿。夫妻如果共同都在工作，還要扮演職場中的角色，角色扮演的多樣化，使得夫妻要以更多不同的面貌來面對，這同時也承擔了社會上對這些角色的期待和壓力。所以，一切的問題變得不簡單、不單純，要面對這些轉變和問題，每一個人當然有一些不一樣了。

婚姻會改變的是人的觀念、對事情的處理方式，然而婚姻很難改變人的人格特質、生活習性（藍采風，1996）。所以，在婚前要先能辨別，什麼是會變的，什麼是很難改變，甚至無法改變的。在這裡，我們要來談的是進入婚姻之後，瞭解、包容這些會變的部份。

「變」是婚姻的常態

　　這話怎麼說呢？人是不斷成長、不斷在變的，婚姻是一輩子的事，當然也在變，就像是有生命一樣，家庭經營是一種成長的過程，家庭週期就是一種發展的、動態的過程。由此，我們再從這裡來看婚後的轉變，就瞭解這是一種必然性，而且在這些週期中，有一些必須去適應和完成的問題。依曾端貞(1996)、彭懷真(1998)的看法中，整理出有關家庭週期的說明，並討論在各週期中所主要面對的問題：

1.新婚時期

　　在這段時期中，剛開始適應婚姻系統的建立，通常要做的是與配偶的家庭及親友建立關係。

2.有幼年子女的時期

　　有家庭新成員的加入，多了父母的角色。夫妻初次學習如何教養子女，這是一個新的體驗，同時，夫妻也面臨家庭系統的擴大，雙方的原生家庭也會一同參與子女的教養過程，這又是一個新的、不一樣的角色，且接續而來的期待也會產生。

3.有學齡期子女的時期

　　子女開始上學，學習課業、有了同儕關係，會碰到學校、課業適應問題，這些對夫妻來說，與子女之間的角色功能更多了，這也是一個沒有過的體驗，學習與調適必定會產生。

4.有青春期子女的時期

　　這時期，夫妻所要面臨的就是調整親子關係，因為青少年會開始想要學習獨立，夫妻之間的需求和關係也會因此而有所改變，需學著再轉

換彼此的角色和期望。

5.有成年子女的時期

子女獨立,成家立業,夫妻又回到必須單獨面對彼此的情況。

6.老年人的時期

配偶可能比自己先過世,這些喪偶的調適也是婚姻中必然的現象。

從這些家庭週期的發展來看,婚姻有不同的階段,人的發展當然跟這些也息息相關,所以,「變」是正常且不可避免的,也不需要再對婚前婚後的不一樣感到無法接受和理解了。

第二節 婚姻的期待和調適

許多人都認為結婚是戀愛的墳墓,而對要不要和他(她)共組家庭猶豫不決,可是當兩人一旦決定結婚時,一定還是對婚姻抱著很大的期待。這些期待的形成可能是來自於個人的因素,包括自己的人格特質、生長背景等;也包括社會上對婚姻的道德規範、社會期待、對婚姻角色的扮演等社會因素,還有因為法律上對婚姻的義務、權利的明文規定,使我們覺得婚姻應該是怎樣、希望是什麼樣而有一個婚姻的遠景。

我們可能對婚姻有了一些期待,像是婚姻應該是和和樂樂,不應該有衝突;我應該是他(她)最親近的人,所以兩人之間不應該有秘密;只要兩人有愛情,所有的困難都不是問題;結了婚之後,他(她)一定會改變的等等的期待。但是,當理想和現實之間有了差距時,我們是不是就會對婚姻產生懷疑、挫折,覺得怎麼結了婚之後就什麼都不一樣了?到底哪裡出了問題呢?

人一定是隨著環境、時間一直在成長、改變的。而包含了夫妻、子女、雙方父母、親人的婚姻關係,怎可能是不變的呢?所以,結了婚當

然會改變，而且是一直在變的，這就是為什麼我們在婚姻生活中需要不斷調適的原因。

現代人的婚姻期望

一　現代人婚姻期望產生的原因

(一)婚姻期望的形成

「婚姻的期望有的是來自個別的獨特性、有的則受整個社會通性的影響，也常由法律規章來描述以加強夫妻角色的責任」（藍采風，1986）。這些可說明了婚姻期待產生的複雜性，個人因為個性的特點、生長過程的不同，認識事情的方法和結果當然不同。然後，整個社會對於婚姻中丈夫、妻子應該扮演什麼樣的角色有了價值規範，再加上法律的明文規定，形成我們對婚姻的期待。

(二)現代人婚姻期望的形成

現代人的婚姻期望受到社會變遷相當大的影響，參考簡春安 (1992)、黃堅厚 (1996) 的看法，整理如下：

1.社會價值的多元化

現代社會的價值觀真可說是人人自成一派，雖然不見得都適合這個社會，但是，可以說只要在不傷害別人的範圍內，都可以按照自己的價值去做事和生活。在價值多元化影響之下，使得現代的人對婚姻的期望

不像傳統上那麼不能更改，自己對婚姻的期待可以有更不一樣的想法。

2.個人主義的興盛

以往的社會比較重視集體的利益，個人的利益是不受到鼓勵的，同樣在婚姻中，也會去強調一個家庭的完整性，所以，夫妻之間必須相互忍耐。對於婚姻的期待也就是只要保持婚姻，孩子就有完整的家庭，個人的情感需求或其他部份都不是很重要。但是，由於現代個人主義的興盛，個人會重視自己的需求，認為個人的利益、自我實現是很重要的，所以會希望在婚姻中得到自我實現的機會，讓自己的潛力可以發揮，而家庭的完整性不再是最重要的。多數人也認為一旦自己的需求沒有滿足，這樣的婚姻也不會快樂。

3.兩性平等觀念的普及

兩性平等的觀念影響到對兩性角色期待的改變，使得現代人認為夫妻在婚姻中扮演的角色不再是「男主外、女主內」，而是趨向於雙生涯家庭，一同分擔家務，既然在就業上應該兩性機會均等，在婚姻中也應期待平權的關係。

4.家庭功能的改變

家庭在傳統上有許多功能，現在逐漸被社會上一些制度所替代或補充，像是娛樂、經濟、教育等功能就可以在家庭以外的地方獲得，而且更豐富和更有效益。這使得現代人在婚姻的期待上朝向滿足心理、情感的需求，如果這方面不能被滿足，可能就不急著結婚了。

 ## 二 現代人的婚姻迷思

在討論現代人的婚姻期望之前，我們先來說明一些婚姻上的迷思。並加以澄清。迷思就是許多人都認為對的，其實是有很大錯誤的觀念，

有了這些想法，使人容易「迷失」。

　　依據彭駕騂 (1994)、曾端貞 (1996) 的看法，提出一些常見的婚姻迷思。透過這些迷思，思考我們對婚姻的期待是否與現實差距太大，再來瞭解自己想要什麼樣的婚姻。

1.只要有愛，就可以有完美的婚姻生活

　　愛是經營婚姻的基礎，可是卻不是婚姻成功的唯一要件。婚姻包含了生物性、社會性、感情性等方面的條件，愛情是感受性的東西，和現實生活還是有些差距的，必須再靠其他條件的配合，才能經營婚姻。

2.只要結了婚，我們一定能幸福

　　婚姻生活是相當動態的，沒有一個人可以在剛結婚時就能擁有使婚姻永遠幸福的能力，必須能認清婚姻生活中的各種現實，而且培養解決問題的能力，婚姻才能有持續幸福的機會。

3.結婚，可以改變他（她）的個性和生活習慣

　　一個人的個性和生活習性是長期養成的，在婚前還是單純的兩人關係時，就很難改變了，一旦結婚，原本的問題會更加複雜，不會因為結婚而立刻改變。

4.結婚總比單身好

　　少年夫妻老來伴，年輕時一起打拼，老來時互相照顧，很多人因為害怕孤單、寂寞，認為結婚總比單身來的好。但是，不是說結婚就可以解決孤單、寂寞、生活照顧的問題，因為婚姻的問題比起婚前戀愛時要複雜多了，這不是單身時所能經歷的。所以，若以為結了婚一切就會迎刃而解，那一定會失望。

5.配偶之間必須坦承，不能有秘密

我們可能會認為，夫妻之間應該完全坦承，不隱瞞任何事，這樣才是彼此信任。一旦發現對方沒有據實以告，心理就開始擔心、猜想，他是不是做了什麼不該做的？或不信任我？其實，每個人都有心裡隱私的一面，不想對任何人說，這無關於信不信任。有時事情說了不見得有好處，沒說不一定是欺瞞，一旦說了可能還會帶來壞處。畢竟，婚姻中仍需要有自己的隱私。

6.配偶不可自私，必要時應該放棄個人的需求

成功的婚姻是基於雙方都能滿足自己作為一個獨立個體的需求。如果為了對方，放棄自己的需要，到後來甚至失去自我，過得不快樂，這樣又怎能為別人帶來快樂呢？所以，婚姻是為了雙方的需求都能滿足而存在的，縱然有時不能同時兼顧，也要透過雙方協商，做一個輕重緩急的處理，而不是犧牲任何一方。

7.如果他（她）真的愛我，就應該瞭解我在想什麼

我們可能也常聽說：你怎麼不瞭解我要什麼，不明白我的想法？你一定不愛我，否則，你應該懂的。這也就是說，愛我，就一定懂我的意思，即使我不說。可是，每個人平日有這麼多事情要忙，每天所接觸、經歷的事情也都不一樣，不一定有時間充份去瞭解對方。

8.幸福的婚姻不應有爭吵

不少人認為，幸福婚姻就是事事和諧、沒有衝突和爭吵。但是，真實的婚姻生活裡，難免會有意見不和、衝突爭吵的時候。要有幸福的婚姻是要透過有效的處理衝突，不是情緒性的吵鬧、抱怨、批評，也不是一味的忍耐，希望維持假性的和諧，那可能會讓問題越積越深，到後來就更難以處理了。

9.孩子可以挽救婚姻危機

有些人會期待有了孩子之後，能改善婚姻關係，或者為了孩子，婚姻一定持續得下去。其實，除非夫妻兩人都有意願修正自己，否則婚姻關係不但不會改善反而會更惡化，不會因為有了孩子，婚姻中的危機就消失了。如果讓孩子在這樣的婚姻中成長，對大人和小孩都是傷害。

三 現代人的婚姻期望

在談過一些對婚姻的迷思之後，應更進一步想一想，現代人對於婚姻的期望，應該怎樣會較合乎實際呢？

1.以感情作主軸，還包含生活與相處的婚姻

現代對婚姻的期望是比較重視感情的基礎，如果感情淡了，或者變質了，或許不會因此而離婚，但也比較不會為了家庭的完整性而委屈到底。這是說明了現代人對婚姻是以感情為至上，可是，對於婚姻中的生活、相處等，仍要有清楚的認知。

愛情是婚姻的基礎，但婚姻之中不只有愛情，婚姻更是一同生活、更是朝夕相處。生活包括了三餐、水電費、房貸、生活費、日常事情處理，相處包括了生活習慣、個性、喜好、厭惡等，而這些事情不是只有愛情就能處理得好的。所以，要能有這樣的認識和期待，才不會結了婚之後，失望太大。

2.能保有自我，又能創造共同空間的婚姻

沒錯，人結婚當然是要為自己找一個人生伴侶，讓自己後半輩子有人可以互相照顧，同心協力面對所有問題。婚姻生活主要是讓兩人可以過得更好，而且是互相協調，不是改變對方。因為如果失去原來的自己，過得不快樂，又怎麼讓家庭快樂呢？如果是保留兩人的自我，調適

相異的地方，才是截長補短、相互的成長。現代人對婚姻的期望不應是逆來順受、委曲求全，講究的是個人的空間、自我的實現。在個人主義興盛之下，現代人所希望的是保有自我和兼顧夫妻共同空間的婚姻生活。

3.夫妻雙方共同成長，是動態過程的婚姻

婚姻其實是一個不斷變動的過程，隨著時間不斷向前、人事不斷改變、環境不斷變化，婚姻當然也經歷到變化的過程。所以，如果人沒有成長與進步，他要如何對變動的環境做出應變呢？怎麼因應在婚姻中所碰到的問題呢？若夫妻中只有一方成長，也很難一起面對問題，使婚姻不斷成長。現代人對婚姻的期望已朝向不斷成長的婚姻，而不是停滯不前的婚姻。

4.兩性平權的婚姻

兩性平等的觀念影響到對兩性的角色期待的改變，不再那麼絕對的男主外、女主內，已趨向雙薪。婚姻中不管是教養子女，或家務的分配也會期待是一同負責，兩人視工作或個人情況來互相配合，而不是妻子全力配合丈夫。兩性角色期待的轉變，讓現代人不再那麼絕對認為女性應該扮演什麼樣的角色，男性不是理所當然的應當只扮演什麼角色，現代人對於婚姻的期待一定是走向平權的關係。

5.不是兩個人，而是兩個家族的婚姻

現代的婚姻漸漸以小家庭為主，一對男女成家之後，傾向自己買房子，組成自己的家庭，自己來處理家務事，一切以自己的想法、意見來面對問題，覺得雙方原本的家庭的意見不是那麼重要，期待是自己的，不是長輩要的家庭。雖然說，理當是夫妻自己處理、解決自己的家務事，但是，夫妻雙方永遠是原生家庭的一份子，處處都還是要考慮原生家庭的狀況。

婚姻的經營方法

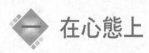

一 在心態上

婚姻要經營好，在心態上要先有調整，做好在婚姻中的準備，包括以下幾點：

1.建立兩人的共識

婚姻中面對的問題真是五花八門，包括彼此的家庭、工作、人際、各自的生活習慣、解決事情、教養孩子的態度等，實在很難預料到下一個情況是什麼。如果，夫妻兩個人的觀點不同，不瞭解對方的想法和打算，面對問題時花費許多的時間去解決，甚至造成誤解和傷害就太可惜了。所以，夫妻倆最好有共同處理及面對問題的態度，遇到事情及面對生活中各種狀況時，事先瞭解彼此的想法，得到共識之後再去解決，婚姻會比較和諧及快樂。

2.共同學習的態度

兩個來自不同環境的人本來就是個性不同、處理問題的方法也不同，要一同生活，共組家庭是需要學著如何相處的。所以，要經營婚姻就要建立夫妻共同學習的態度，這樣才能讓婚姻更加美滿。

3.以長久生活為打算

要知道婚姻是一輩子的事，在進入婚姻時，任何事情都要以此為前提來做考慮，而不是只要碰到挫折、難題時，就用「所遇非人」、「認識不清」來解釋。有些問題很難一下子解決，將時間拉長來看問題會比較

好解決。

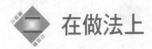
在做法上

1.溝通技巧與態度的學習

大部份的人都認為彼此已經常溝通了，但是，是否說出真正的意思？對方是不是真的懂自己的意思？會不會反而帶來誤解？卻令人沒把握。溝通是要能顧及對方的感受，同時表達出自己真正的想法，讓對方知道自己要的是什麼，才不會有說沒懂，彼此都覺得被誤解，難以溝通。這些需要透過傾聽對方的話、接納對方的看法、尊重對方的意見、用願意瞭解的態度去溝通，才是真的溝通。

2.保持心靈與精神層次的敏感性

婚姻所包含的不是生活瑣事、孩子的問題。人要覺得幸福、精神愉快，是不能忽略心靈和精神層面的滿足，夫妻在婚姻生活中對於自己和對方的精神層面都應多下功夫，例如注意雙方的心情，讓彼此都快樂，充實自己的知識，和對方一同討論書本的內容、或某些話題，交流彼此的想法、感受，才能讓心靈多多接近。

3.讓婚姻不斷的成長

婚姻的成長向度主要有知識性成長、性格成長、目標成長（簡春安，1995）。

隨時充實在各方面的知識，有助於夫妻之間的生活品質，也可以幫助夫妻在溝通上有比較好的內容。在性格方面，學習控制自己的脾氣，不再隨便鬧情緒，用成熟理性的方式來面對壓力和問題。目標性的成長則是說夫妻之間培養共同的目標去完成，包括共同的興趣、一起去做一件有意義的事等，或者定期規劃全家性的活動，為了使生活更有意義、

更充實，夫妻藉此更同心，不讓婚姻變成例行性、公式化。

4.以家庭為優先

許多夫妻因為結婚的時間一久，各自忙著各自的事情、工作，忽略了家庭的生活、全家人的相聚時間，這容易讓婚姻生活的品質降低，甚至出現問題。所以，夫妻在規劃自己的生活、工作計畫時，一定要將家庭的共同時間、共同活動、夫妻相處、溝通時間列為優先，這樣才能維持良好的家庭互動。畢竟婚姻關係是各種關係中最為親密的，一定要好好經營。

5.信任對方

婚姻之中很重要的一個功課，就是學習互相信任，避免猜疑，猜忌會讓彼此覺得有壓力，再好的感情也會磨光。儘可能往好地方想，要相信對方有處理事情、解決問題及維持家庭的能力或意願。如果說一個人不管再怎麼努力都要被懷疑，兩人的感情、關係怎麼會好呢？所以說，信任是必須的，也要透過兩人不斷溝通，學習信任對方。

婚姻的營造在態度上及方法上都需要掌握和學習，如果，夫妻時時刻刻都能把婚姻關係看做是首要的關係，不斷的學習、溫習、創新，那麼必定更有能力去應付其他的人際關係，在工作方面也更有心力去應對。

婚姻的問題與調適

婚姻問題的調適不是在於把對方的不同改成和自己一樣，也不是強迫對方一定懂得自己的意思，而是要學習如何互相體讓、如何互相接納、欣賞對方和自己不一樣的地方、怎麼表達自己的意思，這些都需要調適和學習。

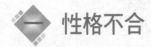

一 性格不合

(一)問題狀況

常聽到夫妻之間說：「我們性格根本就不合嘛，怎麼相處？」但是，這個「不合」就非常值得討論了。什麼是性格不合，是什麼原因造成不合？兩個人有不相同的地方，其實是很正常的，婚姻的適應就在於怎麼調整彼此之間的不同，讓不相同的地方可以相輔相成。

(二)調　適

1.從改變自己做起

改變自己一定比改變對方來得容易。其實我們對對方有不滿的地方，一半的原因也是因為自己的看法、做法和對方不一樣。因為每個人對事情的要求、標準不一樣，所以，難免覺得對方不夠好，而非對方做錯了。如果我們調整自己的看法、標準，即使有不同的看法，仍然能進一步和對方相處。

2.給對方更多的包容

我們對事、人、物經常看到都是缺點、短處，其實我們所持的角度、觀點有一些偏頗，不夠客觀。所以，我們換個角度看事情、多體諒對方的心情、設身處地為他（她）著想，就可以看到事情的另一面，也能瞭解對方有不得已的原因。給配偶多一點的空間，其實也是給自己多一點思考空間，彼此互相包容、體諒，也不會有那麼多不合了。

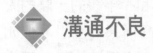 ## 二 溝通不良

(一)問題狀況

很多夫妻之間的溝通方式是溝通不清楚、不直接，而且是情緒性的話掩蓋了理性。夫妻之間在任何一種調適的過程中，語言的溝通都是十分重要的（鄭玉英，1996）。

(二)調　適

1.充份瞭解對方所說的意思

有時候，夫妻之間會產生誤會，是因為沒有真正明白對方的意思。例如：當丈夫說：「今天不要煮飯了，出去吃吧！」，太太回答說：「改天吧，今天很累，不想出門。」丈夫可能以為太太是不是在埋怨自己沒有幫忙做家事，但是，太太的意思可能只是希望先生多一點的關心，或者只是真的很累而已，但是雙方聽來都以為有不同的意思。如果常有這種不同的瞭解，那當然會有他不瞭解我或被誤解的情形發生。

2.將自己的意思表達清楚

如果，我們時刻保持聽話、說話的敏感度，注意自己或對方的話的意思是不是有被誤會或傳達不清楚的情況，然後再一次說明自己的意思，如此，誤會會降低。

3.改進溝通的態度和方式

說話的語氣、態度，是影響對方解釋自己話裡意思很重要的原因之

一。試想：「我很不喜歡你這樣說」，如果口氣是溫和、平緩的，聽的人會覺得對方是想和自己表達他的不高興，而且有好好溝通的意思。但如果語氣是高亢、憤怒、態度是指責的，聽的人恐怕會覺得被攻擊，不自覺就先防衛起來，不管自己是不是有錯，這樣就很難溝通了。所以，如果可以注意自己說話的態度和方式，一定有助於溝通。

情感冷漠

㈠問題狀況

結婚的一兩年，通常是兩人的蜜月期，但是在結婚了三、五年後或十年後，一切的生活成了規律性、日常的運作，夫妻也從無話不談到只是談談孩子的問題、家裡用錢的問題、姻親的問題，而很少去談談夫妻間心靈上的感受，到了這時候，反而是已經不知道該怎麼表達感受和想法了。長期如此，使彼此的情感漸漸變為冷漠，造成對婚姻的滿意度下降，也讓外遇機會提昇。

㈡調　適

1.多表達自己的感受

很多夫妻後來因為日常瑣事，或忙於各自的工作漸漸疏於經營情感，平常所談的都是孩子、工作或者誰誰又怎樣了，很少去談彼此的感受，對對方的愛意、感覺都很少說了，即使不是故意冷淡對方，情感也會漸漸冷卻。所以，如果我們可以多表達自己的感受，關心對方的感覺，感情的溫度才不會下降。

2.增進雙方的心理交流

　　情感的親密性大多與心理的層面有關，如果夫妻雙方可以加強這方面的交流，或者一同參加心理的成長課程，對於彼此的心理交流會更有幫助，情感的親密性一定會提高。

 ## 四　性生活不協調

(一)問題狀況

　　因為性生活不協調而造成夫妻離婚的案例也很多。有些性問題是心理因素，或許因為曾有過不快的經驗，造成對性的誤解或卻步，使得兩人之間無法有和諧的性關係；有些是生理因素，因為在生理上有些問題，造成在性的方面無法滿足；也有的是觀念上的問題，以為一定要持久、強壯，不然就是沒有用的，而且現在很多對性方面的廣告，更造成這些觀念的普及。

(二)調　適

1.瞭解彼此的需求、想法

　　性不協調主要是心理上或生理上有問題。夫妻先需瞭解為什麼無法協調，這樣在心理上會有共識感。可以一同面對問題，也才能知道要朝什麼方向去找解決辦法。

2.求助專家

　　如果夫妻雙方沒辦法自己解決時，可能需要求助於專家或醫生。有

的是曾因有不愉快的遭遇，產生心理上的障礙，這需要做心理治療，有的是生理上的障礙，那可能就要求助於醫生。

 外遇問題

(一)問題狀況

外遇問題一直是婚姻中最具殺傷力的。彭懷真 (1998) 分析，許多學者所提出的離婚原因中，外遇是最常被提到的原因。有些夫妻因長久失和，或者分居兩地、在外應酬的機會多、夫妻兩人的社交圈不同，使得第三者有機可乘。有時外遇的發生是夫妻倆婚姻生活問題不良的結果，例如婆媳問題、夫妻溝通不良或情感疏離等。解決婚姻生活中最主要的問題，才能防範問題的發生。

(二)調　適

1.冷　靜

「先讓自己冷靜下來」，這是當知道對方發生外遇時首先要做的事。因為這會讓自己心情不會那麼激動，才能冷靜下來與對方溝通，或瞭解發生的原因。

2.瞭解外遇真正原因

外遇有很多種！包括：精神外遇、肉體外遇、短暫尋歡等，原因包括外在的誘惑、夫妻感情不睦、婆媳相處問題、夫妻溝通不良或者只想證明自己還有魅力等。當夫妻雙方中有人有外遇時，先瞭解對方外遇的類型和原因，進一步尋求解決的方法。

3.尋求協助

通常外遇的原因不是單一原因，當事者很難只靠自己的力量解決，所以，尋求親朋好友的支持、建議，或者找婚姻家庭的專業輔導機構給予協助，都會比自己一個人的力量來得有用。

 姻親相處問題

(一)問題狀況

婚姻是兩家族的事，有時夫妻間一件很單純的事，有可能在加入了許多人的意見之後，反而變得複雜。例如，夫妻倆在決定要買哪一種廠牌的車子，小叔就說，「哪一種車性能怎樣怎樣，聽我的準沒錯」。可是，婆婆說話了，「哪一種都不重要，省錢最重要」。夫妻倆本來決定好了，這下更是不知道聽誰的，聽誰的怕得罪，都不聽誰的也怕得罪，後

來更可能衍生成媳婦瞧不起小叔、婆婆，把他們的話不當一回事，所以有很多婚姻問題是因為姻親的相處而產生。尤其是「婆媳關係」，兩個女人因一個男人而產生連帶，雙方的年齡、背景、價值觀、生活方式都有所不同，難免有些誤會和摩擦，如果沒有多一些的溝通和包容，容易發生難題，對婚姻形成壓力。

(二)調　適

1.夫妻尋求彼此的共識

　　姻親問題有時會讓夫妻雙方產生誤解或將問題複雜化，因為親戚人多、意見多、看法多，讓原本是夫妻兩人的問題變得很複雜。夫妻雙方必須對自己的問題有所共識，然後才以親戚的意見做參考，才不會讓夫妻問題複雜化，產生不必要的誤會與衝突。

2.尋求解決的辦法

　　而在夫妻雙方有了共識之後，若加入其他姻親的意見，可能讓問題更複雜或需要多一點方式才能求得圓滿時，不妨可以和其中比較有影響力的親戚先達成共識，由他去影響他人，增加自己的影響力，才能好好溝通。

結　語

　　看著現代的離婚率這麼高，家庭型態的多元，婚姻型態也這麼多元的情況下，有許多人害怕走入婚姻。也有人滿懷憧憬又失望的結束這個關係，可是婚姻關係對於人生來說真的是最長、最密切的關係，每個人雖然會怕，但卻躍躍欲試，要將婚姻經營好，的確是不簡單的。

問題與討論

1. 你認為結婚和戀愛一不一樣？差異在哪裡？你想要怎麼經營你的婚姻？

2. 你對婚姻的期待是什麼？請試著用一張紙將你對婚姻的期待和理由寫下來，看看將來你要結婚時會不會改變？

3. 常會出現的婚姻問題有哪些？應該要怎麼調適？如果是你，你會怎麼處理這些問題？

第四章

chapter four

現代婚姻

學習目標：

1. 現代社會多變，各種外在力量衝擊著婚姻，使夫妻不易因應。

2. 夫妻需學習以更彈性、更動態、更理性的態度來安排婚姻。

3. 婚姻中有賴更多溝通及協調合作，這些都需及早學習。

4. 協助兩性都有更好的生涯發展。

現代與傳統有差別，現代婚姻的現象與過去傳統的婚姻更不一樣，過去傳統的婚姻型態大部份是男主外，擔負家庭經濟開銷的責任；女主內，扮演照顧家人、整理家務的角色；而現代的婚姻型態則是趨向雙薪家庭，夫妻雙方都有工作，共同負擔家中的開銷及家中的事務。在這樣的轉變之下，婚姻也有了許多需要調適的問題產生，在本章之中，要談談雙生涯家庭及現代婚姻失調的問題。

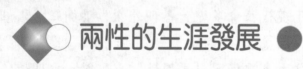

第一節　工作與家庭

工作對家庭和婚姻的影響非常大。傳統上，工作能帶來經濟上的保障，男主外，女主內的家庭分工制度是顧及經濟生產的效能及家庭生活的穩定。但是，隨著時代的變遷，女性教育普及和程度的提高，使得女性也大量投入就業市場，工作不再只是經濟的保障，更是個人自我實現的滿足。在工作意義不同的現代中，工作對於家庭有經濟上的意義和功能，對於夫妻之間角色的分工、個人的生涯發展上都具有影響性，這是現代婚姻中所面臨的一大課題。

 兩性的生涯發展

一　生涯發展的意義

工作和家庭是個人生涯發展最重要的兩個任務。生涯發展是一個人終其一生所扮演各種角色的過程，含有自我認識、自我肯定、自我成長以促成自我實現目標的達成（張添洲，1996）。這也就是說，人生是一個目標追求和實現的過程，每個發展階段都有它的意義和所要完成的目

標，不論這個結果是怎樣，都是一個生涯的過程。

 生涯發展的任務

　　不同的生涯階段會有不同的發展任務及要處理的問題。心理學家泰德曼 (David Tiedeman) 所認為通往生涯發展的路和心理學家艾瑞克森 (Erikson, 1950) 的八個社會心理發展階段有相輔相成的關係，包括：信任、自主、主動、勤勉、認定、親密、培育、自我統整。當一個人解決了生活上的社會心理危機時，情境中自我、世界中自我以及工作導向就會展開，然後與生涯相關的決策也會隨之發展（吳芝儀，1998）。

　　美國研究生涯規劃方面的知名學者舒伯 (Super, 1957) 也舉出各生涯發展階段的任務（摘自：張添洲，1996），本篇文章列舉大要。

　　①學前兒童：主要是增進自我引導的能力。

　　②小學生：選擇適合個人能力的活動。

　　③中學生：進一步發展能力和其獨立性。

　　④青年：選擇高等教育機會或就業途徑，選擇適當職業，並發展職業技能。

　　⑤中年人：探詢適當的發展或晉升途徑。

　　⑥老年人：儘可能維持自足的能力。

　　每個階段綜合出人生當中一種動態的歷程，隨著年齡增加、工作資歷的累積，及個人在這些階段中對自我不斷的探索，形成了個人的生涯發展任務。在我們瞭解了人生中不同的生涯階段任務後，再對照男女兩性在社會不同的期待之下，生涯發展的情況。

 兩性的生涯發展

　　兩性的生涯發展受到許多因素的影響，而形成不同的傾向，包括個人因素、環境因素，在角色期待、社會化的因素影響之下，對於兩性的

生涯發展有重要的影響。

(一)個人因素對兩性生涯的影響

1.生理特質

男女性在先天上的體力、體格上的特質，使得選擇工作上就有區別，例如女性較難選擇建築工人、伐木工等耗體力的工作，而男性因體能較女性好，這樣的工作也以男性居多。

2.個人特質

包括有個性、人格等，例如個性較有衝勁、積極的人可能會選擇競爭性、富挑戰與變化性較高的工作，在人格上如果傾向是關懷性、富同情心的，可能就會選擇保護環境或助人的工作。個人特質影響了選擇工作，當然也影響了生涯的發展。

3.興趣及能力

男女兩性在興趣與能力上有差別，例如，女性的興趣與能力多半傾向語言學習或與人互動、表達感受方面；男性在抽象事物、邏輯推理上較擅長，所以影響了就讀科系的選擇，甚至後來的就業。這是以興趣與能力的傾向來說，除了先天差異之外，社會化的影響也是一個關鍵。

4.教育程度

通常教育程度愈高者，對自我的期許會較高，所以也影響了個人在生涯上所希望得到的發展，及在職場上的表現，生涯安排的輕重緩急也就不同。在今天，女性的教育程度提高，使得女性在職場上力求工作表現，晚婚、不婚的比例提高，在婚後繼續就業的女性也愈來愈多，使女性的生涯規劃更動態、更複雜。

㈡環境因素對兩性生涯的影響

1.社會化及性別期待

社會化影響了性別期待，男性從小被要求要堅強、獨立、具侵略性，所追求的人生目標應該是事業有成、功成名就；而傳統女性被教育應該要恭順、依賴、溫柔，並且以家庭為重，作成功男人背後的女人。所以，這樣的傳統價值仍然深深影響了男女兩性在追求和規劃生涯時的先後順序。

2.社會支持

現代對於兩性角色的期待已有些變化，不少人都意識到原有的傳統角色地位是否適合。然而，幾十年來的兩性平等觀念比起幾千年來的父權觀念，社會還是不自覺地拿原有的規範與價值觀來衡量男女的行為期待。當夫妻兩人中必須要有一人捨棄事業時，社會上仍會期待女性留在家中。社會是否有支持女性生涯發展的力量，也會影響到男女的生涯選擇。

3.婚姻家庭

因為社會的變遷，女性的角色也有了相當的改變，在女性大量投入就業市場的今天，婦女仍被社會期待須扮演養育子女、照顧父母長輩的角色。所以，女性的生涯選擇過程較男性多出一個步驟，她們在選擇某種職業之前，必須先考慮是否可以外出工作，需要考慮何時可專心發展事業，何時應以家庭為主（田秀蘭，1994：4）。男性因為比較不會受到這樣的期待，所以，男性在規劃生涯時，受婚姻家庭的影響較小。

4.工作環境

任何工作的組織對於員工的家庭照顧責任，必然有不同的期待和要求。如果公司希望員工多盡一點心力在工作上，比較不會體諒員工需要有私人的時間照顧家庭，這種情況發生在女性上較多。男女在職場上常常同工不同酬，就是公司一般認為女性因為要照顧家庭，或者女性一定是能力較弱，比男性不方便，在工作上不可能像男性一樣盡力。但往往這是惡性循環的結果，女性可能因為再如何努力也得不到重視，又拿較少的薪水，何必那麼努力呢？公司於是得到印證，果然女性是不行的。所以男女兩性在生涯發展上就不一樣了。

就如前面所提，人生是一個目標追求和實現的過程，有生涯目的的實現，才有成熟與健康的個人。所以，兩性的生涯發展必須一起進行，而不是哪一個性別為主，哪一個為輔，這需要觀念上的倡導，也要有實際上的做法，才有兩性和諧的家庭。

 雙生涯家庭的適應

 一 雙生涯家庭的定義

「雙生涯家庭」與「雙薪家庭」是不一樣的。雙薪家庭最簡單的定義便是夫妻皆從事有償的職業活動（王叢桂，1994）。這樣看來，臺灣很早就有雙薪家庭了。所謂的雙生涯家庭，是指夫妻雙方皆選擇追求專業的工作發展，並且共同維持家庭生活（鄭麗芬，1994）。隨著女性教育程度的提高和就業市場結構的改變，這種夫妻都有專業工作，共同承擔家庭和工作責任的家庭問題和需求已愈來愈被注意。

雙生涯家庭的問題與調適

㈠角色的負擔過重

1.問　題

　　由於夫妻雙方都在工作，所扮演的角色也較多重，尤其女性進入就業市場後，更是扮演職業婦女和家庭主婦的角色，而且社會上對於女性也較多這方面的期待，使得女性更是身兼數職。雖然男性多被期待全力在職場上打拼，家事的分擔上不需操太多心，可是，由於兩性角色與關係已經漸漸朝向兩性平權，社會上漸漸認為男性也應該擔任家務，家庭是夫妻一同管理的。男性也面對角色上的轉換和適應，這是在雙生涯家庭中逐漸呈現出來的問題。

2.調　適

　　兩性在角色期待上的觀念可先做溝通，互相瞭解彼此對角色負擔的認定是什麼，再對照目前所實際承擔的工作和責任。這樣的參考基準點不是以傳統的男女角色做標準，而是將夫妻兩人都視為獨立、需要尊重的個體來考量，兩人可用這樣的方式漸漸加以調適。

㈡家庭事務分工

1.問　題

　　在雙生涯家庭中，夫妻雙方都有自己要做的工作，如何做家事分配就成了一個重要的問題，因為如果夫妻兩人沒有共識，可能造成其中一

人負擔過重，或者是沒人處理，而影響家庭生活。

2.調　適

為了夫妻在婚姻中的角色負擔可以平衡，雙方可以把目前兩人所承擔的工作、角色期望等先好好溝通，再做適當的安排，讓彼此都能承擔，或者還可請孩子加入，一同分擔家務事。不僅夫妻倆不會太累，孩子也可藉機學習負擔責任。

(三)教養子女的問題

1.問　題

教養子女對於雙生涯家庭來說不只是要花時間而且更要花費心力、金錢。例如：照顧子女不單純，從尋找保姆和看護，到和孩子相處都需要時間。

2.調　適

雙生涯的夫妻可以利用閒暇的時間或將工作安排好，善用各種社會資源，並和孩子有更好的互動。在需要看護或課後托育方面，可以請專業機構協助。

(四)時間運用與管理的問題

1.問　題

雙生涯家庭通常都有時間分配的壓力，因為所要面對的事情很多，往往不容易分配足夠的時間，學習時間管理和運用也是一個問題。

2.調　適

　　雙生涯夫妻更需學習將時間作有效的規劃，例如一天中的時間分成工作、家庭，在這兩部份中，又包含了哪些項目，各約需花多少時間，這樣的事先規劃分配，可使時間的運用效率提高，心理的壓力也可因為事先規劃而降低。

㈤情緒控制與壓力抒解的問題

1.問　題

　　因為扮演多重角色和需要面對各種生活問題，所帶來的壓力容易影響身心健康和情緒，對家庭成員來說也有不好的影響。壓力抒解及情緒管理是相當重要的一個課題。

2.調　適

　　情緒控制及壓力調適可視程度來看，壓力較輕者可從一些書中找到合適的方法，自行多加注意與練習。如果程度較重，則可請教精神科醫師、心理師的專業協助。

㈥財務管理的問題

1.問　題

　　通常雙生涯家庭都是需要有兩份收入來支持家庭生活開銷，所以，夫妻雙方的收入，如果運用不當、投資錯誤，影響家庭經濟，會使得生活惡化。對於兩人收入的規劃和運用必然是雙生涯家庭面臨的一個考驗。

2.調　適

　　夫妻雙方可訂定家中目前固定、短期、中期、長期等目標，例如短期內有進修計畫，需要多少積蓄才能應付，使家中不虞匱乏，中期是房子貸款，要在這十幾年內存夠多少錢，要用什麼方式達到等，然後將每月固定開銷、收入做一份總表，瞭解可剩下多少，剩下的部份如何處理，儲蓄、投資或買基金、股票？按照計畫去完成目標。

㈦社會資源與他人支援的問題

1.問　題

　　由於雙生涯家庭夫妻都在工作，在職場上、家庭中都會面臨問題，有時難免會有捉襟見肘的情況，怎麼運用社會資源和得到他人的支援是很重要的一個問題。如果有了資源和協助，會覺得生活更輕鬆。

2.調　適

　　社會資源可提供的有：如何抒解壓力、親職教育學習、如何管理時間、家庭暴力處理、課後托育、老人照護等；他人的支援包括親戚、朋友的協助處理家事或給予精神鼓勵等，夫妻可對這些資源共同商量，如何運用這些來幫助家庭，讓家庭的成員過得更好。

　　雙生涯家庭已經是一個趨勢，夫妻雙方不只是需要兩份的薪水，更因為在工作上有所發揮而顯得有成就感，所遇到問題可能更多，需要調適的地方也愈多，因此，更需要運用社會資源來調適生活的壓力。

第 二 節　婚姻失調的探討

　　婚姻失調是婚姻中失去了和諧、控制，出現大家都不想看見的現象，包括有外遇、夫妻關係不和諧、感情不睦、子女管教不當或是夫妻分居、離婚等，這些可說是婚姻失調。

婚姻失調對親職角色的影響

　　婚姻關係失調，夫妻兩人已難扮演好丈夫、妻子的角色，甚至是如仇人相見，分外眼紅，有許多夫妻為了孩子而不離婚，努力扮演父母的角色，也有人自顧不暇，哪還能做好父母，成天為自己的事煩心，不顧孩子的感受。不管是任何一種，其實都對親職角色的扮演有影響。婚姻失調連帶影響了家庭中的氣氛，尤其是還在成長中的孩子，家庭是一個培育人格、提供最早社會化的場所，父母親的角色扮演對孩子的影響很大。

親職角色的功能

　　親職角色就是父母親對孩子的角色、責任，包括生養、教育、人格塑造、感情提供、經濟提供、生涯協助等責任和功能。

1.生　養

　　指基本的三餐飲食、生活照顧等基本需要都應讓子女不虞匱乏。

2.教 育

父母親應教育孩子分辨是非、學習處世態度，如何和人相處、正確的處事方法等，這不止包括言教，身教更是重要。父母親實際上如何做，都看在孩子的眼裡，對孩子的影響更大。如果父母親教孩子的是一套，自己做的又是另一套，那反而是反教育，會有反效果。

3.人格塑造

我們有時會聽「某人人格有問題」，或「這個人人格健全」等等的說法。這些指的是人的個性、心理健全度、情緒控制能力、因應壓力的方式等方面的總體表現，人格包含了人的各個層面，使得人在面對問題、處理事情時有自己的做法和態度。而父母親正是影響子女人格成長的關鍵人物，對孩子的人格塑造有很大的影響力。

4.情感提供

情感是家庭中很重要的一個維繫的動力，如果家人之間沒有感情，那豈不是像住在同一棟房子的房客一樣。人對感情是有需求的，因為感情而有關心和愛，人的心理需求才會得到滿足。父母給予孩子關心和感情，讓子女感受到感情，由於體會到這種親情，子女也懂得如何對人付出關心。

5.經濟提供

子女在長大成人，有能力獨自賺錢之前，需要父母提供經濟援助，而父母親也有義務使子女在生活、教育上沒有經濟的壓力，直到子女可以自己獨力養活自己。

6.生涯協助

父母親除了基本的養育、經濟、情感的角色之外，很重要的是，協

助子女瞭解自己的性向、能力，對未來的走向做規劃，或者知道要怎麼去發現自己的性向及優點。生涯是對人的各個階段的發展及安排，要在每個階段中得到適當的考量，使自己的生涯規劃更順利，父母親在孩子的各個成長階段中，可協助孩子一同來面對自己的生涯。

婚姻失調對親職角色的影響

1.影響生養功能

　　婚姻失調可能使得父母親沒有如往常的心力、時間來照顧子女的基本生活，這必然影響了家庭生活的正常功能。

2.影響管教功能

　　夫妻婚姻有了問題時，往往是心力交瘁、耗時耗力來處理自己的問題，難免情緒會受到影響，甚至是將氣發在孩子身上，原本的教育角色受到影響，使孩子學到不適當的情緒處理、事情處理的態度和方法。有的父母還會無理責罵，使孩子受到精神虐待，或以身體虐待來管教孩子，這都是父母親在婚姻問題中，失去了教育應有的職責。

3.影響人格塑造的功能

　　原本父母應能塑造孩子健康的人格，可是，一旦婚姻失調，使得夫妻二人失去原有的愛心，或減少了原本花在孩子教養的時間。孩子面對父母親衝突的狀況時，就較難學習到正確、正面的認知態度，有可能產生自卑、退縮、自我低落等心理狀況，甚至影響到將來對兩性的觀念產生有偏頗，對婚姻產生恐懼。

4.影響情感提供的角色

　　一個和諧的家庭遭遇到婚姻問題，就很容易剝奪原有的融洽氣氛與

家人相處時間，原來可以給子女的是緊密、溫暖的情感，有可能減少，或變成緊張、衝突的關係，這就影響到子女的心理需求和滿足。

5.影響家庭的互動

因為婚姻失調，夫妻二人原來父母的功能受到影響，有的因為夫妻不肯主動與另一方講話，而透過孩子傳話，或拉攏孩子和自己結盟，將孩子帶進夫妻二人的問題中，迫使孩子扮演更多大人的角色，或因為成了單親家庭，需要父代母職，或母代父職，不僅夫妻二人需要多兼一個角色，連帶也會影響子女需要分擔家務、扮演照顧弟妹的角色等。這些都會使家中成員的角色及功能受到影響。

6.影響經濟

不少人因為婚姻問題無心工作，或影響工作情緒，或需要換工作。有的人因為這樣沒了工作，也有的因為成了單親家庭，家中的收入減少，而影響家庭的經濟。

7.影響家中成員的生涯規劃

因為父母親的婚姻問題，可能使父母很難全心協助孩子做生涯的規劃，也有可能因為突來的家庭危機，使得全家的生涯都發生改變，父母親對孩子的生涯協助有了困難。

雖然婚姻失調會對親職角色帶來一些影響，但並不是說，父母親因此應該被責難沒有扮演好角色。當然，誰不希望擁有美滿幸福的婚姻，但是，又有多少人的婚姻是一直風平浪靜，沒有些許考驗呢？在經營婚姻的過程中，任何問題的處理都需冒些風險，處理好就能帶來轉機和成長，處理不適或沒有一起面對的共識，就有可能潛藏危機。重要的是，夫妻要能瞭解婚姻失調對家庭的影響，並努力經營，即使碰到了問題，也能盡力以正面的方式去處理，使傷害降到最低。

離婚問題的分析及處理

 離婚率不斷上升

讓我們一起來看看近幾年的離婚率情況。在 1980 年代，臺灣的結婚對數、離婚對數的比例從 13 : 1 竄升到 6.3 : 1，而 1990 年代起，又爬升至 5.21 : 1，到 1998 年是 4.6 : 1，這樣的離婚率增加速度真是快速。

但是，面對這樣的統計數字，我們不需要太悲觀。因為，統計是一個數值的呈現，可能有誤差，再來，如果我們可以因此更加謹慎的面對婚姻問題，那麼離婚率正是我們藉以瞭解婚姻需要經營的一個數值了。

表 4-1　臺閩地區結婚、離婚對數之比例

年　　度	總人口數（千人）	結婚對數	離婚對數	結婚：離婚
1989	20107	158016	25097	6.3 : 1
1990	20352	142756	27445	5.2 : 1
1991	20556	162766	28287	5.7 : 1
1992	20752	169461	29205	5.8 : 1
1993	20917	157780	30200	5.2 : 1
1994	21177	170864	31899	5.4 : 1
1995	21357	160249	33358	4.8 : 1
1996	21525	169424	35875	4.7 : 1
1997	21743	166216	38986	4.3 : 1
1998（1-4 月）	21082	75106	16428	4.6 : 1

資料來源：內政部多項人口統計資料

二　離婚的意義

離婚分為六個方面的意義，並再提出其他學者的看法，在下列分別說明。

㈠法律上的離婚

離婚為夫妻生存中，解除夫妻配偶身份或消滅婚姻關係之行為。立法上有兩願離婚和判決離婚兩種。

1.兩願離婚

就是協議離婚，夫妻倆在雙方都不願持續這個婚姻關係下，經由兩人以上見證及簽名，並向戶籍機關登記，離婚就成立。

2.判決離婚

依據民法第一千零五十二條，當有以下狀況時，可以訴請「判決離婚」：

①重婚。

②與人通姦。

③夫妻之一方受他方不堪同居之虐待、夫妻之一方對於他方之直系親屬為虐待，或受他方之直系親屬之虐待，致不堪共同生活。

④夫妻之一方以惡意遺棄他方以繼續狀態中。

⑤夫妻之一方意圖殺害對方。

⑥有不治之惡疾者。

⑦有重大不治之精神病者。

⑧生死不明已逾三年者。

不管是兩願離婚或判決離婚，都是宣告婚姻關係的結束，不需再遵

守法律上所合法賦予及要求的權利義務。有的人當初歡歡喜喜的走進禮堂，或有人因為不得不結婚而結婚，而今卻無法完成最初的承諾，不能共度一生。

(二)感情上的離婚

這是說夫妻之間沒有強烈的感情，早已同床異夢，雙方都覺得失望，也沒有有效溝通，彼此也不會協助對方，甚至是大小欺瞞、背叛、傷害對方的自尊。但是為了孩子、道義、責任，而不得不持續婚姻關係。

(三)經濟上的離婚

夫妻將伴侶分別成個別的經濟單位，各有其自己的產物、收入、花費，以及對稅務、債務等的責任。家庭本來是一個互相依賴的經濟單位，沒有人在家照顧家務，另一人又如何在外專心工作，所以，在經濟上的離婚都不是那麼容易調適。

(四)撫育上的離婚

在離婚時，對於孩子監護權的爭取來說，造成了父母在撫育上的離婚，一方贏得監護權，另一方就有探視權，形成親子之間的分離，這種因離婚而帶來撫育上的離婚，要調適很不容易。

(五)社區的離婚

兩人離婚後，原本所交際、來往的朋友、社區關係，及公婆、岳家的來往都會有所改變。很難再若無其事的與丈夫或太太的朋友來往，所

以，生活圈子一定有所改變，這種社區的離婚會帶來適應上的困難。

(六)精神上的離婚

精神上的離婚就是說把自己從前任配偶的人格及影響中隔離出來，重新取得精神上的自主。精神上的離婚往往要花很多時間，第一階段是在離婚之前的震撼及否認，第二階段是煩惱及消沈，第三階段是離婚的人負擔起自己的責任，結束婚姻關係，原諒自己和對方，好好生活下去。

 ## 離婚的原因

彭懷真 (1998) 整理各學者的研究，綜合了造成離婚最多的原因包括有：外遇機會增多、對家庭財務看法不一、配偶不良嗜好、個性不合、溝通不良、婆媳及姻親困擾、女性地位提高、道德及宗教力減弱等。

(一)外遇機會增多

外遇真可說是婚姻的頭號殺手，也是離婚原因中最常出現的一種，令人真的膽顫心驚，有的人也因此不敢輕易嘗試婚姻。現代的社會裡，與異性的接觸機會大大增加，和同事的相處時間甚至是比配偶還多，有些人就是在不知不覺中，讓婚姻以外的情感滋長，終究一發不可收拾。或者自認為定力很好，絕對不可能發生；誰知道也發生了外遇。

(二)家庭財務問題

這種問題常是因為與配偶間用錢的觀念不一樣，有的認為夠用就好，有的非得有足夠的積蓄不可，或者是因為投資理財的看法不同，家

庭如何分配用錢的方式、孩子的教養費、要不要拿錢回各自的家庭等。這些問題的處理兩人若失去耐性，常常爭吵，也可能將夫妻的感情吵壞。

(三)配偶的不良嗜好

配偶不良嗜好可能包括酗酒、吸毒、賭博等，這些在金錢、時間及身心方面都投注了成本，影響家庭生活，在屢戒不掉的情況下，很可能以離婚來收場。

(四)個性不合

個性不合，這個原因很常聽到，有人說：「真是瞎了眼才會嫁給你」，或是「娶錯了人」等的說法。個性包括了一個人對事物的價值觀、做人處事的態度、脾氣等。如果兩人的個性真的差異很大，加上婚後調適不良，很可能就走上離婚的路。

(五)溝通不良

溝通是讓人表達彼此的看法、感受，及傳遞訊息的，但有許多人不知道怎麼表達，或者以為已經溝通了，例如：「這些我已經說了啊」、「你就是沒耐心聽我說」等這樣的溝通方式，可是雙方的誤解和不愉快的感受沒有減少，認為對方根本不瞭解自己，根本沒有溝通的誠意，日子久了就成了「冰凍三尺，非一日之寒」，最後就是「剪不斷、理還亂了」。

(六)婆媳及姻親困擾

有時夫妻會離婚是因為婆媳、親戚關係不好，導致夫妻間也跟著緊

張，常常為此爭吵，丈夫夾在中間更是左右為難。有些妻子因而想離婚，索性將家庭讓給婆家，不想再打仗了，這個問題在臺灣普遍存在。

㈦女性獨立能力提昇

女性地位的提高，包括在家中不再是只做家庭主婦，也有許多出外工作，身兼職業婦女和主婦的角色。丈夫在家中也可能需要幫忙做些家事，工作職場上也有愈來愈多的女性主管。這些轉變讓女人不再只是忍氣吞聲，不再忍耐品質不良的婚姻，而想走出家庭尋找自己的舞臺。女性地位的提昇讓女人不一定依賴婚姻，而可能選擇結束婚姻。

㈧道德及宗教力減弱

以往道德和宗教的力量有約束人的行為的規範作用存在，人們會認為各種誘惑、害人害己的事情不能做。但是在個人主義興盛的時代，常考慮的是自己喜歡的、自己要什麼。在婚姻中若覺得不快樂，不是自己想要的，就傾向以離婚來解決問題，或者外遇介入婚姻，也造成了離婚。

四　離婚問題的處理

離婚對人來說是一項不小的打擊，也是生命中的一個危機，面臨到的問題需要去處理和調適，恢復原有的生活能力和適應力。首先離婚在心理層面的調適是很重要的，然後才處理實際生活上所面臨的問題有哪些：

(一)心理調適的問題

1.離婚前的心理調適

在決定離婚之後，心理調適的重點在於讓自己承認這個事實，並把悲傷、憤怒做一個抒解，找人說說，或尋求專業的諮詢。先將一些事項作安排，例如分手的細節、子女的撫養、財產的劃分、誰搬出去住等，藉此也可以將紊亂的心情穩定下來，然後讓離婚的過程順利些，以免造成更嚴重的傷害。

2.離婚後的自我調適

這時的調適重點就是在於趕快從創傷中復原，雖然這一段路可能需要很長的時間，但是，走出婚姻的陰影是必要的。這段期間可能會出現情緒低落、對自己沒有信心、整個人都沒有價值、不想與外人接觸等現象，這些有的人靠朋友、有的人尋找婚姻諮商，總之，試著讓自己心理恢復平靜。

(二)生活上會遭遇的問題與處理

1.對子女監護權的處理

這是離婚的夫妻幾乎都會產生的問題，以往監護權是以丈夫為主，現在依民法親屬編和兒童福利法是以子女最大利益做考慮。夫妻在爭取子女監護權的同時，除了要將探視權的規定、撫養費的多寡談清楚之外，子女的想法、感受、意願都是需要被照顧到的。

2.經濟問題的處理

離婚的夫妻在財產上面的分配是一個問題,這會影響離婚後的生活是否能支撐,有些夫妻原本有兩份(假如夫妻都在工作)收入,離婚之後,少了一人的薪水,在經濟上常常是不如以往。所以,在離婚時一定要將經濟問題加以調整,甚至與前夫(妻)談清楚。

3.離婚後家庭功能問題的處理

離婚後,家庭的氣氛一定有所影響,家中少了一人,家人間的互動、生活、相處上都有影響,夫(妻)需協助孩子去面對這樣的問題,委婉說明夫妻兩人無法在一起生活的原因。在家庭功能方面,原本是爸爸或媽媽所扮演的角色,現在必須由其中一人承擔,不僅在工作量上加重,而且那是很難被取代的,所以,在身心方面都會更加疲累。這時需要親子之間更加互相體諒,一起度過這樣的困難。

4.子女的心理調適問題

根據研究指出,單親家庭的孩子產生偏差行為的比例比一般家庭的子女高,這不是說離婚家庭的子女特別會產生問題,但是不可避免的,孩子難免會有心理調適問題。例如,孩子對婚姻是不是會產生恐懼、對兩性關係的看法產生偏頗、自我信心低落、用極端的方法處理問題和情緒。單親父母應先不急著怪孩子不知體諒,畢竟大人有責任去教育孩子學習用正面的態度面對問題,父母親可尋求朋友或婚姻諮詢機構,協助孩子心理的調適。

5.離婚後的人際交往問題

夫妻在離婚之後,大都會脫離了對方的生活圈。需要自己再去拓展自己的生活圈。不過離婚者所承擔的社會壓力會比較大,擔心別人的看法、批評,孩子在學校、社區裡也可能遭到異樣的眼光。離婚者所遭遇

到的人際社交問題是需要再多些心力和時間去適應的。

　　彭懷真 (1999) 形容離婚是「愛情下課了」，當愛情結束時，必定是人生很大的打擊，很少有人願意遭到離婚的挫折。如果要降低離婚的可能性，婚前的交往要彼此瞭解，互相調適，並溝通兩人對婚姻的期望，才不會在結婚後對婚姻的期望落差太大。婚後不能以為一切成定局，不需要努力經營，婚後的生活更加複雜，更要兩人好好溝通、相互支持，才能適應良好。

 # 外遇問題分析及處理

　　外遇，在我們目前的社會中時常可以聽到這個名詞，不管是在電視劇中、小說中或時下的流行歌曲裡，談論、討論、甚至頌揚的都有，這反映出一種重要的社會現象，外遇不一定都是罪該萬死。

 ## 外遇的定義

　　外遇最簡單的定義就是配偶中的任一方與第三者發生肉體的關係（葉高芳，1980；簡春安，1992）。吳就君和鄭玉英 (1993) 認為「外遇是婚姻關係中有了第三者介入，男女的愛情是一對一的、排他性的，外遇是對這種排他性的挑戰」。外遇有肉體上的外遇，也有精神上的外遇，這兩種對婚姻來說都具有殺傷力，讓我們來看看外遇發生的原因。

 ## 外遇的原因

　　依據學理上來探討，外遇問題的主要原因不外下列因素（簡春安，1985）：

1.夫妻之間溝通不良

其實婚姻中很多的問題都是因為溝通不良所造成的，因為溝通不清楚，造成誤解、不愉快，才會使兩人感情產生問題，而增加外遇的機會。

2.夫妻之間的角色協調不當

這是說，夫妻在婚姻中所該扮演的角色不同，但是兩人沒有協調好，甚至不能欣賞對方，反倒造成威脅，這會使婚姻不愉快。

3.問題處理技巧不足

夫妻遭遇問題時，兩人不能同心協力一同解決問題，甚至因為技巧不好，反而弄巧成拙，使得兩人的問題愈糟。

4.夫妻性格不合

夫妻個性不合，引起兩人相處不和諧，第三者當然有機可乘。

5.夫妻觀念與認知的衝突

這是在對許多事情上的看法、解釋有所不同，又沒有適合的解決辦法，使得兩人關係愈來愈糟，引起衝突。

6.夫妻性生活不協調

性生活對婚姻生活其實有很大的影響，有些外遇就是因為與第三者的性生活比與自己的配偶更美滿，造成很大吸引力。

7.外遇者性格不成熟

這是說外遇者因為性格不成熟，才會產生外遇，因為自己的自戀、不成熟的人格，才會有婚外情。

外遇產生的影響與處理

㈠外遇產生的影響（簡春安，1985，1995）

1.心理上的傷害

如果一方有了外遇，一定會引起連續的爭吵，兩人的關係會處在不和諧、充滿敵意、憤怒的狀態中，而且時時刻刻都崩得很緊，有一觸即發、崩潰的可能性，對於心理上的傷害當然很大。

2.生理上的危害

兩人在爭吵、衝突的時候，也會對身體造成傷害，使負擔更加沈重。

3.事業上的危機

外遇發生時，因為耗費心力與時間，對於事業、工作所投注的時間自然減少，而且可能影響工作品質，甚至有的工作場合中會影響升遷或受人排擠。

4.對子女的影響

外遇發生時的爭吵、衝突、攻擊對方，對孩子當時來說自然是恐懼、整日提心吊膽，害怕父母親會分開，影響心理健康，也可能影響課業。在長大之後，對於婚姻的恐懼感也可能增加。

5.以恨收場

外遇當時常覺得是為了愛甘冒外遇的危險，但當真的發生時，所帶

來的變化是很大的，那時會因為疲於應付、身心俱疲時，才知道沒有那麼美，而且所帶來的通常是衝突、遺憾。

㈡外遇的處理

依簡春安 (1991)、吳就君、鄭玉英 (1993)、彭懷真 (1998) 所提，將外遇的處理方式做一個簡要的圖表：

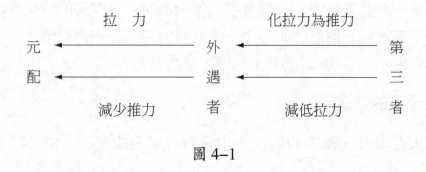

圖 4–1

從這個圖中，可以知道，第三者對外遇者是有吸引力的，這些吸引力或許是外表、性、興趣相投或朝夕相處等原因。而對元配產生不耐、失去剛結婚之時的熱情，或是覺得兩人之間有問題、無法相處等，這些就是外遇者認為被往外推的推力。拉力、推力，都有原因，但重要的是如何化解這些原因，將原本是推力的轉為拉力，將原本是拉力的轉為推力，及處理因外遇所帶來的問題。

1.化拉力為推力

這個部份可以從外遇者本身來瞭解，瞭解為什麼第三者的拉力這麼大，原因是第三者和配偶完全不同類型，或是因為和元配產生問題，才向外尋求慰藉等。瞭解原因的同時，就可以瞭解外遇者心裡真正的想法，如果是外遇者本身的問題，才會發生外遇，那麼外遇者也是需要被關懷和接納，並幫助他解決問題，如果還包括環境的誘惑力，或許可考

慮換工作、搬家等，這樣也許可以化解家庭危機。

2.減少推力

這是說對於元配本身，協助解決外遇者對他的推力。這些推力有可能是夫妻之間溝通不良、婚姻生活太平淡、缺少關懷、處理衝突和問題的技巧不好，也可能是因為元配本身太久沒有接觸外界，以致和外遇者的生活交集少，漸漸地言談無味等等因素。協助元配去瞭解婚姻中的危機，然後先抒解自己的情緒，整理出頭緒之後，才來想要如何解決問題，如果外遇發生，自己也要負責任，必須從自己做起，做些改變，不要再增加外遇的推力。

3.對子女的處理

外遇發生時，子女所受的傷害是不小的，孩子會看到時常爭吵、叫罵、衝突的景象，心理上會害怕、恐懼，對以後性格的發展有不好的影響。所以，夫妻最好不要在孩子面前爭吵，也不要將孩子捲入風波，要孩子做裁判，判斷誰對誰錯，喜歡哪一個等，這對孩子來說是太困難的問題。在外遇發生後，夫妻對孩子最好也能給予心理上的輔導，引導他說出心裡的想法，將情緒宣洩出來，然後從他的想法上給予導正，也可尋求專業機構給予協助。

對於外遇的處理，基本上當然是希望可以化解這樣的婚姻危機，但是，也有人選擇結束婚姻，從此各走各的路，那麼又是另一種問題的處理方式。婚姻是不容易維繫的，尤其在誘惑這麼多、到處充滿機會、個人主義興盛的社會當中，更要和自己的伴侶攜手努力，經營好自己的婚姻。

結　語

　　人的一生要扮演許多角色，多數時候，我們都是配角，但在婚姻中，應該勇敢做主角，並且做稱職的主角。展望未來，婚姻必定愈來愈有彈性，也愈來愈需要用心去經營。如果我們認真學習，好好珍惜，一定會有更幸福的婚姻與家庭，也就有了更美好的人生。

問題與討論

1. 你認為夫妻在婚姻中各自應該扮演什麼角色？為什麼？
2. 兩性的生涯規劃受到什麼因素影響？婚前婚後又有什麼差別？
3. 敘述一件你所知道的外遇問題，請以夫妻、外遇者的角度個別來分析他們的立場和做法，你覺得要怎麼解決？這對你將來的婚姻有什麼啟示？

第五章

chapter five

認識家庭

學習目標：

1.從不同角度探討各種家庭類型，瞭解家庭的多元性。

2.認識及反省自己的家庭型態。

3.介紹家人關係及增進家人關係的方法。

第 一 節　家庭的類型

傳統家庭的型態

　　家庭，對每個人來說是家，對整個社會來說，是一種制度。「家庭做為一個社會制度」，有哪些類型。就像社會對每個制度的運作有不同的規範，對家庭的種種運作也有所規範。對家庭的三大要項──繼承、居住、權威，不同社會有不同的規範，就形成了不同的類型。

　　首先是「繼承」(descent)，俗語說「代代相傳」，就是繼承的表現，繼承是社會去追蹤某人血統來源的一種方法，從其中也可辨認其主要的親屬網和財產接替方式。主要的繼承類型有三：母系 (matrilineal)、父系 (patrilineal)、雙系 (bilateral)。母系社會很罕見，在這種社會中，只有母親的親人算親戚，以母親的姓氏為姓，財產也是由母親傳給女兒的。

　　父系存在於多數農業社會和封建社會，兒女是繼承父姓，主要的親屬網是父親的，只有男性能繼承財富。我國傳統以來基本上是父系，直到近代依然是如此，但近年來已有些修正，修正的方向就是朝著「雙系」。

　　雙系是工業化國家較常見的，子女均有權繼承，子女也與雙親家庭的親屬網均有連帶，較接近男女平等的原則，也較尊重人性和每個家庭成員的獨特性。

　　第二種分類指標是「居住」(residence)，居住型態和香火承襲系統是息息相關的，可分為自宅（新居）、父宅（父居）和母宅（母居）等型式。男女結婚了，要住在哪裡？工業社會新婚夫婦偏好能離開父母，建立一個新居，稱為「新居制」（neolocality，此字源自希臘文，意思是「一

個新的地方」)。多項研究結果顯示：我國的年輕人也偏好新居制，只要財力許可，多數會希望能有屬於夫婦的新居。美國也有句俗語：「偉大的爹、偉大的娘，但我們要離他們遠一點。」

在農業社會，新婚夫婦較需要獲得父母的經濟協助和安全保障，也需要幫助原生家庭的耕種生產，稱為「父居制」(patrilocality，此字源自希臘文，意思是「父親的地方」)。我國基本上是父居制。

居住的型態與戰爭、經濟都有密切關係。愈好戰的社會，由於需要男性打仗，所以會把已婚的兒子留在身邊，因此多屬父居制。另外，新居制不利於父母獲得及保有經濟資源，對父母行使權力也不利。

由於女性就業愈來愈多，也出現了平居家庭，一對夫妻可從夫居或從妻居中任擇其一，妻去夫家與夫同居或夫去妻家與妻同居均可。另為雙方工作方便，也有雙居家庭，夫婦不同住而各居住在父母的家庭或獨自居住(高淑貴，1991)。在臺灣，雙居家庭近年有日漸增多的趨勢。

第三種分類指標是「權威」(authority)，權威是指具有合法及制度化的權力，是依附於一社會地位上，且為該社會體系中所有成員所接受為適當的。權威屬於地位本身，而非地位佔有者的品德所決定。所以，在家中，即使父母不稱職，他們的權威並沒有消失(彭懷真等，1994)。

家中的權威主要在誰的手中，各社會有不同的規範，主要有三種類型，一是「母權制」，主要存在於母系社會，母親掌理一切。在母系社會中，有時大權集中於母之兄弟手中，稱為「舅權」，中國歷史上宮廷中的外戚即是舅權之代表。

「父權制」最常見，父親是家庭的權威中心，掌管家中決策，對妻子與兒女的行為都有很大的控制權。人類學家貝克(1979)把中國家庭內的主從次序(the pecking-order)的優先排序呈現：①第一優先：輩份關係(長輩優先)；②第二優先：年齡關係(長兄優先)；③第三優先：性別關係(男性優先)。這三種的綜合表現是：父親的權威最大。

二十世紀以來，民主思潮改變了父權制，「平權制」漸被接受，家中權威既不是完全操在父親手中，也不完全操在母親手中，父母的權力

漸趨平等。連兒女都有相當的權力,「以個人為中心的民主」(person-centered democracy) 愈來愈普遍了(高淑貴,1991)。

　　未來,隨著女性受教育年數的延長、女性就業率的提高和子女地位的提高,平權家庭勢必會逐漸取代父權家庭,成為主流。

　　我們可概要依三大要項,把家庭的類型做一扼要整理,如表 5-1。但此種分類僅是「理想類型」(ideal type),係針對某些特質加以強調的結果,與社會上各種家庭的真實情況相比較,是會有一些出入的。

表 5-1　家庭類型意義的分類——依繼承、居住、權威區分

繼承的原則 (rules of descent)		
母系的	父系的	雙系的
由母親或母親親戚繼承財富及姓氏,忠於母親家。	由父親或父親親戚繼承財富及姓氏,忠於父親家。	由母親及父親共同平等的繼承,雙重忠誠。
居住的原則 (rules of residence)		
母居的	父居的	新居的
新婚夫婦與母親的家人同住。	新婚夫婦與父親的家人同住。	新婚夫婦建立新的獨立住所。
權威 (authority)		
母權的	父權的	平權的
由家庭中最年長的女性掌握,通常是母親。	由家庭中最年長的男性掌握,通常是父親。	丈夫和妻子擁有平等的權威。

資料來源:Kammeyer, Ritzer and Yetman (1990)

　　家庭另有許多種分類,以下依序介紹,在說明探討各種類型時,我們也可想想自己的家庭應如何歸類:

㈠以家庭份子關係組成區分，分為三大類（高淑貴，1991）

1.核心 (nuclear) 家庭

由一對夫妻及其未婚子女所組成，俗稱「小家庭」，又分兩種：

①生長家庭：指一個人自幼生長的家庭，包括自己與父、母、手足。每個人都有生長家庭，人人是「從其所出」，接受其社會化的。

②生殖家庭：也可譯為「生育之家」，指一個人與配偶和子女所組成的家庭。生殖家庭，只有結婚生子者才有。這種家庭是「從己所出」，我們是長輩，對子女提供社會化和養育。

2.本幹 (stem) 家庭，也稱為主幹家庭

由一對夫妻及其一位已婚子女（包括已婚子女之配偶及子女）和其他未婚子女所組成，俗稱「折衷家庭」。

3.擴展 (extend) 家庭，也稱為擴大家庭

由一對夫妻及其二位或二位以上之已婚子女（包括已婚子女的配偶及子女）和其他未婚子女所組成，俗稱「大家庭」。我國社會的擴展家庭不少有獨特的形式，例如莊英章 (1994) 分析臺灣農村中的老年人面臨兒子分居各處，在「平等」原則下輪流到各兒子家搭伙輪住，形成了「吃伙頭」、「輪伙頭」(meal rotation) 的代間關係。兩老亦可以留住祖厝，和眾子女間形成遠距離的親密「聯邦制大家庭」，這是我國社會的特色。

朱岑樓 (1969) 曾指出：擴展家庭往往在大家長過世後，諸子即分家產。另外有聯合家庭，則是保持家產的完整，家產屬諸子共有。

㈡依父母的組合情況分,有三大類

1.雙親家庭

父母雙全,居大多數。

2.單親家庭

由於離婚、一方死亡、一方入獄、未婚生子等原因造成的,約佔家庭數的十分之一弱。

3.繼親家庭

夫妻雙方或一方已有其他婚姻關係所生子女所組成,多半是由於婚姻重組所造成的。

㈢依主要倫常區分為兩大類

1.血緣家庭

著重於父母和子女或兄弟姊妹間的血統關係,血統親屬是處於中心位置,而配偶則較邊陲,個人主要負責的對象是其「生長家庭」的部份。血緣家庭又稱血統家庭,容易形成擴展家庭。

2.夫婦家庭

首要重點是夫妻關係。夫妻為中心,其他親屬則處於邊陲,個人主要負責的對象是其「生殖家庭」。夫婦家庭容易形成核心家庭,是都市化地區最普遍的家庭型式。

中國人的觀念中看重「成家立業」,這表示家庭和工作有密切關係,

夫妻會因為工作狀況的不同而有不同的家庭類型。此外，還有依各指標組成的多種家庭類型，以下分別說明（參考彭懷真等譯，1991）。在這十類中，①和②是一組，③和④是一組，⑥、⑦、⑧是另一組，⑨和⑩也是一組。同一組的家庭類型是可以比較的。

①雙生涯家庭：也稱為雙職家庭，指夫妻均有專業生涯的家庭，目前已愈來愈普遍。另有「雙薪家庭」，夫妻都工作，但一方的工作只是為了家庭的收入，不強調類似雙生涯均需有專業的生涯發展。

②通勤家庭：指夫妻雙方因工作分居兩地，隔一段時間以通勤的方式相聚。

③制度家庭：指依法令、規章、習俗所組成的家庭，不強調彼此的感情，存在的目的只是為了符合傳統的角色期望和順從傳統規範。

④友愛家庭：只建立在愛情和感情上的家庭，對社會上有關家庭的法律並不重視。

⑤不完全家庭：指沒有子女的家庭。亦稱頂客族。

⑥原子家庭：指具有高度個人化色彩的家庭，家庭中的每個成員均不受家庭的控制，個人的福利及權利是最重要的。

⑦家務家庭：比原子家庭有較多的團體凝聚力，較不個人化，家人間有相當親密的接觸。

⑧委託家庭：比家務家庭有更高凝聚力的家庭，個人的自我利益需完全服從在家庭的福利之下，每個人主要是為了家庭的血統、權利、財產而生活，是家族地位和姓氏的委託者。

⑨初級家庭：指一個家庭的家長與住戶的戶長為同一人的家庭。換言之，這種家庭是由共同居住在一起的共同家人組成的。

⑩次級家庭：家長與戶長不為同一人的家庭。

表 5-2　家庭類型的總整理

指　標		我的生長家庭是（請在符合自己情況的格中打✓）	我期待我的生殖家庭是（請在符合自己期望的格中打✓）
繼承	母系		
	父系		
	雙系		
居住	新居的		
	母居的		
	父居的		
	平居的		
	雙居的		
權威	母權制		
	父權制		
	平權制		
大小	核心家庭		
	本幹家庭		
	擴展家庭		
父母狀況	雙親家庭		
	單親家庭		
	繼親家庭		
主要倫常	血緣家庭		
	夫婦家庭		
生活方式	雙生涯家庭		
	雙薪家庭		
	通勤家庭		
法與情	制度家庭		
	友愛家庭		

有無子女	完全家庭		
	不完全家庭		
個人自主性	原子家庭		
	家務家庭		
	委託家庭		
家與戶	初級家庭		
	次級家庭		

資料來源：<u>彭懷真</u> (1998)

 家庭型態的變遷

　　家庭正隨著社會快速的變遷，在各方面如家庭的功能、家庭的組成、家人關係等有所改變。在家庭型態方面，由上一段的說明可知，家庭大致朝著以下的方向在改變，我們可以對照表5-2加以瞭解：

①繼承：由原本的父系朝著雙系演變。

②居住：新居是主流。

③權威：父權色彩逐漸減弱，逐漸以平權為常態。

④大小：擴展家庭減少，折衷家庭的比例也下降，主要是小家庭。

⑤父母的組合：雙親家庭的比例還是最高的，然而單親家庭或繼親家庭的數目都大幅增加。

⑥主要倫常：以往是「父子倫」最重要，近年來，「夫妻倫」的地位上升。姻緣比血緣更受到重視。

⑦家庭生活方式：變化多端，像是雙生涯家庭、雙薪家庭、通勤家庭都逐漸普遍，家居也因而更動態、更需彈性安排。

⑧在法與情方面：法律對家庭內的互動有更多規定，如「老人福利

法」規定子女應孝順父母；「兒童福利法」規定父母不得疏忽和虐待孩子；「家庭暴力防治法」規定不得虐待配偶和四親等以內的親人。家庭也被期待成為家人感情連結的重心。

⑨在子女的必要性方面：以往夫妻多面對「不孝有三，無後為大」的壓力，現代，沒子女的家庭愈來愈普遍了。

⑩在個人自主性方面：傳統家庭較接近委託家庭。近來，原子家庭已愈來愈多，每個人各有自主性。

⑪在家與戶的關係方面：家長與戶長不一定為同一人的情形逐漸增多了。

未來，家庭仍會繼續存在，但家庭的型態勢必更多元、更動態，更需由家中成員充份溝通、協調、忍讓與合作，才可能有效的運作。家沒有一定的型態，也不會有標準家庭或模範的家庭型式，一切都依賴成員的認真經營。

 ## 現代家庭的新興類型

現代社會是多元的，現代婚姻也是多元的，現代的家庭類型更是多元的，各種兩性相處的方式不斷翻新。當道義、倫理、責任、規範、承諾等觀念在現代兩性和親子關係中慢慢變淡，當許多婚姻和家庭的要素與本質一再被挑戰和懷疑，婚姻的新方式和男女互動的新方式就陸續出現了。

婚姻和家庭都沒有標準模式，只是大多數人選擇的形式比較容易被接受，並視為「正常」，而數目較少或違反規範則易被標定為「不正常」。正常與否有時會隨著時間的變遷而被重新定義，以下介紹幾種兩性相處的方式是數目較少，但不一定是不正常的。

㈠分　偶

　　分偶指形式上分居，但仍保有婚姻的實質。指一對男女每週固定約會，甚至共生子女，長期維持愛情卻仍堅持獨居，雙方不一定保有婚姻關係。分偶者約有半數擁有共生的子女，孩子或歸父或歸母，或從父姓或從母姓，孩子當然是在「單親家庭」中成長的。

　　夫妻或同居者都要面對對方不雅的一面，而且長期相處難免有摩擦。如果一方生活習慣不佳、蓬頭垢面，更容易有衝突，因而會在比較重視個人權益的前提下避免朝夕相處，分偶就是這樣形成的。

㈡分居家庭

　　臺灣女性就業率近年在 47% 左右，女性過去以丈夫為重，經常要隨著先生調差而異動，現在則多堅守自己的職業崗位，因而出現「分居家庭」。近來，受到移民風氣和考量子女教育的影響，夫妻分居兩地者就更多了。

　　夫妻均在國內，稱為「通勤家庭」，需忍受舟車勞頓、南北奔波、週末假日塞車、平日生活不便之苦。若夫妻一在國外，則是「太空家庭」，往往是先生留在國內，是新「臺獨」，妻子在美、加、澳，則成為「內在美」、「內在加」等等。夫妻更需忍受長期分離、長途飛行、無法照應之苦。另一常見的是先生去大陸工作，夫妻也要兩地牽掛。

　　分偶和分居家庭的夫妻固然有「小別勝新婚」的優點，卻也可能面對婚姻變質的問題。臺商在大陸有婚外情，「臺獨」先生在臺灣有外遇等，都已不是新聞了。夫妻感情容易出軌、子女有認同困擾、家庭生活品質低等，是這類型婚姻常需付出的代價。

㈢女主外、男主內

過去男性是「遠庖廚」，現代男子不只是要在工作上有表現，家庭角色也逐漸吃重。父親角色由「花瓶爸爸」變成「奶瓶爸爸」，對家庭的投入愈來愈多。

部份男性更配合妻子事業的發展和家庭生活的需要，成為全職的家庭主夫。也因男性遲婚，有一段很長的單身日子，對照顧自己和家庭都有些經驗，造成「男主內」的增多。

未來隨著女性事業發展空間更大、所得提高、男性就業空間縮小、男性對家庭管理的喜好等因素的相互影響，女主外、男主內的情形會增加。

㈣契約的婚姻

夫妻固然是感情共同體，也是利益共同體。就感情層面，夫妻是一輩子的，所以無需年限的約定；但就利益的角度，夫妻間不能確定彼此是否長期有益，若在婚前就訂契約可預防許多問題。約定的重點有：財產情形、健康狀況、精神穩定性、婚姻記錄等。萬一對方不符合自己情況時，也可終止婚姻狀況。

婚後的權利義務、角色分派、家務分工、孩子扶養、金錢使用、時間運用等議題，也有人主張宜盡早訂出規則，以利夫妻雙方執行。萬一發生婚姻暴力，也可藉此理由終止婚姻。

訂年限會產生許多大問題，如經濟優勢的一方很容易終止與另一方的婚約、給予第三者介入家庭的機會，若丈夫主動離異則妻子失去經濟來源而造成女性貧窮等。有各項約定的契約也會滋生更多問題，如苛求對方、夫妻相處無法量化、增加了功利色彩。更何況，多數婚姻中的事情無法在婚前預料。

㈤單親家庭

單親家庭 (single-parent family) 的比例在世界各主要國家都在上升。形成單親家庭的主要原因有：①配偶死亡；②配偶失蹤；③離婚；④未婚生子；⑤分居；⑥服刑；⑦服兵役；⑧單親領養。臺灣近年來，出現另一些未婚生子的類型及原因有：

①男方因地位高，已成家不願曝光，或因入獄服刑，或出國，或生病而缺席。

②午妻、細姨、小老婆希望生個兒女維繫住與男方的關係。

③女性不願進入婚姻，但希望有個孩子。

未婚生子與同居是不同的，前者的重點是「母性」，後者是「性」。前者女性是以孩子為生活重心，後者女性則是以男人為重心。同居一定是維持一段時間，但未婚懷孕可能是約會、一夜風流的結果，男性不必充份參與女性的生活，甚至彼此也不是很瞭解。

同居者可以要散就散，雙方沒有婚約；但未婚生子是沒有再選擇的機會，孩子生下來了，無法斷絕關係。同居者雙方地位大致是平等的，但未婚生子的母子（母女），雙方的關係是不平等的，做兒做女的既不能與母親平起平坐，也不能終止關係。這對孩子是很不公平的，他或她才生下來就被迫沒有父親，成長過程中永遠是單親的孩子，身份證上總是父不詳。作孩子的沒有選擇權，他或她是被安排的。

㈥混合家庭

由二個單親家庭共同組成的家庭就稱為「混合家庭」。其面對的問題除了夫妻間的適應問題，也包括孩子與繼父（母）相處、以及新加入的兄弟姊妹間的問題，使得家庭關係更加複雜。

但是，相信只要大家能在「愛」中互相包容、接納，混合家庭也不

一定就是問題較多的家庭，有時也是大家重拾家庭歡樂之處。

　　未來男女互動的形式勢將更多元，男女的關係勢必更複雜，可能形成的家庭狀態也更多元，但期望相愛和相屬的人總是居多數。婚姻和家庭制度不會死亡，然而對婚姻及兩性關係的解釋可能要更有彈性了。

 ## 第二節　家庭與家人關係

 ## 家庭系統的互動關係

　　辭彙對系統的解釋是：「同類的事物，按一定的秩序相聯屬。」社會學辭典對系統的解釋是：「形成一整體之各個部份相關且互賴的組織。」系統是：「包含一些複雜的要素，要素間有直接或間接的因果關係，而每一要素至少和其他部份維持一穩定的關係。」

　　例如王先生的家庭是一個系統，他們或姓王，或嫁給姓王的，這是「同類」的部份，彼此間的秩序聯屬就是他們的倫常，一家人彼此關連、相互依賴、喜怒與共。王家不是靜止的、均衡的，也經常有變化。每位成員基於婚姻、生育或領養建立了關係，每個人都要與其他人有所連帶。

　　王先生的家庭，並非只是王先生、王太太和孩子的集合，這個家庭系統間的關係是複雜的，當然有親情、愛情，也存在著結黨、聯盟、壓力，每個家庭或家人事件都會產生多方面的影響。每個成員的改變無可避免會與其相關的成員之改變產生關連，譬如兒子準備聯考，全家跟著備戰；父親可能因此減少應酬，母親則要多準備進補的東西。

　　瞭解家庭組成份子的動力關係比僅僅將這些成份集合起來有意義。組織 (organization) 與整體 (wholeness) 的概念是瞭解系統如何運作之鑰。

組織是指系統的組成份子以一種可預測的、有組織的方式彼此互動。若一個系統被打破成為部份時，則無法被完全地解釋與瞭解；即沒有一個因素可以孤立於系統之外而獨立地產生功能。

俗話說：「見樹不見林」，意思是缺乏廣泛而整體的瞭解。同樣地，只注意到一個人的個別狀況，忽略了他的家庭，也會不周全。從系統的觀點看家庭，要比只看某一個家庭成員、某一個家人關係或某一種家庭問題來得深入，也不至於誤認為某種問題或症狀只有單一原因，更不會簡化問題集中到特定的人身上。

每個家都是「一個完整體」，以其獨特的結構、規則和目標來運作；每個家都是「一個系統」，由一群互異卻互賴的份子組成，並盡可能保持平衡。每個家都有其「動力歷程」，以其特殊方法維持運作，共同面對自己家庭的問題。有時，他們面對的方法很奇特，可能會使問題愈發複雜，使全家愈陷愈深，不易脫困，需要專業人士給予協助。

放在家庭中來看，家人關係是各種關係中最普通、最持續的，尤其在最看重家庭的中國社會，家人關係不僅存在於家庭之內，它常穿透到經濟組織，形成了小家庭經濟或家族企業。它可能進入政治組織，形成政治世家。

影響家人關係有四個要項：①家庭的大小，因為人數愈多，家庭中的互動系統會變得愈複雜；②家庭的組成方式，通常女性成員多於男性成員時，摩擦會增多；③父母的態度，如果父母想要大家庭而且又形成大家庭，則家人關係較和諧；如果父母想要小家庭但出現大家庭，則家人關係較緊張；④子女出生的間隔，如果相隔不大，而且也符合父母的期望，則家人關係較和諧（張康樂譯，1988）。這些因素影響家人關係，家人關係則影響到每一個成員。

每個人主要有兩個家和七個主要家人關係，在生長家庭有四個，在生殖家庭中有三個，其狀況如圖 5-1。從法律角度，家人關係中主要有血親和姻親，依民法第九百六十七條：「直系血親者，是己身所從，或從己身所出之血親。旁系血親者，非直系血親，而與己身出於同源之血

親。」第九百六十九條:「姻親者,謂血親之配偶、配偶之血親,及配偶之血親之配偶。」各種家人關係可分不同親等,親等數愈小則表示關係愈近,這方面民法第九百六十八條、第九百七十條有規定:

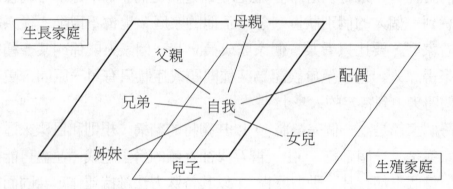

資料來源:Murdock (1949)

圖 5-1　我在生長家庭和生殖家庭中位置圖

①血親親等之計算,直系血親是從己身上下數,以一世為一親等,旁系是從己身數至同源之直系血親,再由同源之直系血親數至與之計算親等之血親,以其總世數為血親親等。例如:父母、子女是一親等,手足是二親等,叔伯舅姨為三親等、表堂兄弟為四親等。

②姻親親等之計算:血親之配偶,從其配偶之親等,如嫂嫂、姊夫為二親等,與哥哥、姊姊相同。配偶之血親,從其與配偶之親系及親等,如岳父、岳母、公公、婆婆均為一親等,配偶手足也是自己的二親等。至於配偶之血親的配偶,從其與配偶之親系及親等,如太太的嫂嫂和太太的哥哥是相同的親等,同為二親等。

從人類學的角度很重視家人關係的計算,親屬網主要有三種(參Leslie, 1976):

①初級關係:包括父、母、兄弟、姊妹、子、女、配偶,共七種(參考圖 5-1)。

②次級關係：是初級關係的親人，他們各自的初級關係，共三十三種。

③三級關係：是次級關係親人的初級關係，多達一百五十一種。

中國人俗語說「一表三千里」、「我們五百年前是一家人」，都顯示家人關係的複雜性、包容性和延伸性。單是表兄妹就有四親等、六親等、八親等之不同，但每個社會都有其處理家人關係的優先順序方法，如此才可以安排財產繼承、經濟合作、情感支持、生活支援等事情。此外，家人關係與兩個概念有關：親族 (kindred) 指的是有血統關係而同宗的，又稱宗族 (clan)；親戚 (kinfolk) 指親族以外有姻親關係或有血統關係而不同宗的。親族與親戚合稱「親屬」。「親屬環節」(kinship)，其定義是：「一種關係的結構，在這種結構中，個體與個體之間有繁複的互動與權利分配，是基於血統來建立的」。

對所有家人關係或親人關係的分析，主要有六大議題：①關係主軸；②關係特性；③溝通情況；④常見問題；⑤主要危機；⑥未來變動。在表 5-3 中呈現這個分析架構，我們可依此表格瞭解我們每人個別的家庭，也可依此觀察整個社會的家庭變化情形。

表 5-3　主要家人關係及思考架構

	夫妻關係	親子關係	手足關係	婆媳關係	三代關係	其他親人關係
關係主軸						
關係特性						
溝通情況						
常見問題						
主要危機						
未來變動						

資料來源：彭懷真 (1998)

對家人關係的探討，以「雙人關係」的分析為最主要。許烺光曾以主導的雙人關係特質比較中國和美國社會的家庭體系，他認為中國社會是以「父子關係」為主軸，美國家庭則以「夫妻關係」為主軸。如果將這兩種關係加以比較，父子關係是尊卑的，子不可能逾越父，父子關係比較有「包容性」，一個父親可以有很多兒子，甚至是愈多愈好，因為「多子多孫」正表示家族人丁興旺，具備向外擴展的條件，如有乾兒子或義子。但夫妻關係不是尊卑的，夫或妻的權力不一定何者為大，夫妻關係基本上是「排他性」，容不下另一人，所以遇到夫妻感情不好，關係就比較可能中斷。許烺光觀察到：當美國人談到他的家庭，通常是指他的父母和未婚子女，而中國人則可能包括祖父母以及叔嫂們都在內。中國人的家顯然比較大，家人關係也較多、較複雜。

在中國的家庭之中，不但父子關係是包容的，母子關係也是包容的，做母親的不會抗拒多一個兒子。手足關係也是包容的，多一個弟弟可以幫忙是很好的。李亦園 (1992) 進一步把這種以父子關係為主軸的文化，找到除了包容性以外的三點特性：

(1)延續性

一個人身為某人的兒子，將來也會成為某人的父親，父子關係在家庭中一連串地不斷勾連下去。「不孝有三，無後為大」是大家耳熟能詳的，這句話出自孟子·離婁上。朱熹經解釋：「於禮不孝者有三事：阿意曲從，陷親於不義，一也；家貧親老，不為祿仕，二也；不娶無後，絕先祖祀，三也。三者中無後為大。」個人要避免家庭世系的中斷，否則就是嚴重的不孝。「絕後」也因此成為中國人意識中最大的不幸和恐懼。

(2)權威性

母子關係是依賴的，子依賴母，兄弟之間較平等，但父對子的關係經常是權威的。傳統家族裡，父親的權力是絕對的，對父母之命無條件的遵守，也一向被視為是做一個兒女天經地義的事。

⑶非　性

　　夫妻關係包含「性」，父子關係則是非性的，由於父子關係在家中優於其他人倫關係上，所以中國家庭貶低性的重要，中國夫妻也不能很公開地表達親密。

　　由於這些特性，中國社會的家人關係是很重要、也很複雜的，費孝通 (1948) 提出「差序格局」這個極有名的概念，就是從他對家的分析出發的。他指：家庭在西洋是一種界限分明的團體，但中國「闔第光臨」雖常見，但很少人能說得出這個「第」字究竟應當包括些什麼人，「家」字可以說是最能伸縮自如的字。「家裡的」，可以指自己的太太一個；「家門」，可以指伯叔姪子一大批人；「自家人」，可以包羅任何要拉入自己圈子的。自家人的範圍是因時因地伸縮的，甚至可「天下一家」。

　　所謂的差序，其實正是一種關係網，指的是關係的差等和次序。關係的差等，就是倫。倫是有次序的，俗語說：「不失其倫」，就是要分別父與子、親與疏、長與幼、夫與妻、上與下，這些倫是中國社會的基礎，而且是以家人關係為中心、為基礎的。所以家人關係不僅影響家庭，是社會國家的基石，如果是徹底改變原有的關係結構，不僅非常困難，也會對國家社會造成莫大的衝擊。近年來，「父子有親，君臣有義，夫婦有別，長幼有序，朋友有信」的人倫價值幾乎喪失規範的力量，整個社會也出現倫理的危機了。

　　父系社會是由父子關係發展出來的，也推衍出其他許多社會現象。例如中國人的權威性格、自私心理，以及重視血緣。美國學者費正清 (Fairbank) 曾說：「中國的家庭制度在華南華北都是父系的。中國式家庭一直都像一個小宇宙，像是袖珍型的國家。家庭生活灌輸的孝道觀念，乃是忠君服權的養成初步。」（薛絢譯，1994）。李亦園 (1992) 指出：一個人既然為父母結合所生，同樣承受來自父方與母方的血緣，那麼父方的親屬和母方的親屬應有同樣的關係。但是，在中國人父系法則的觀點，父親的親屬先於母親的親屬。父親的兄弟是「血親」，母親的兄弟屬於「姻親」。伯叔長輩是「家裡人」，而姨媽卻是「局外人」。「血濃於

水」，親屬自有倫次，中國人的親屬認同範圍，只有在父系脈絡中才得以理解。

 建立良好的家人關係

　　中國人幾千年來是以「父子倫」為主軸來設計，這種有強大包容性的關係網，信守多子多孫多福氣的觀念，也維持家庭的穩定。雖然每個家之中不免有許多怨、恨、不滿、無奈。

　　近年來，西方倫理的主軸「夫妻倫」漸被接受。在家庭中，怨恨少了，衝突和不安卻多了，因為夫妻關係有明顯的排他性，稍有閃失即可能破碎。另外，父母對子女、丈夫對妻子、婆婆對媳婦的權威，都在下降，這是好的發展，但需要更多調適。多數人逐漸發現家庭需要更多的平等，因此更多的溝通在每一個家庭中都是好的。

　　近年來「兒童虐待」、「婚姻暴力」、「外遇」等議題的廣受重視，取代前些年大家注意的：婆媳問題、子女管教、養子女問題等。離婚率提高、不生育者增加、家人關係疏離等問題亦值得注意。

　　家縱然在改變，家的重要性卻沒有減少，家依然是國的基礎。家依然是每一個人成長、快樂、再出發的地方。總要有那一盞燈做生活中的避風港，現代人才可以不斷向前走。特別是在「相交滿天下，知心有幾人」，人際疏離冷淡的臺灣社會，家總是最深情的地方，家人的關係是最真誠不計較利害的。

　　人人都珍惜自己的家，人人都愛自己的家人，但為什麼家還是有這麼多衝突和對立？政府也想照顧家庭，協助家成為社會安定的基石，但為什麼家的問題仍然很多？其實，只要人人有心，政府也有意願透過行政立法措施來幫助，家總是可以不斷改善的。

　　夫妻關係的經營，需要有認真經營的意願和好的相處技巧。在激發愛情的意願方面，夫妻都要視婚姻關係為生命中最重要的部份，能對配

偶託付自己、視婚姻為人生最高的滿足。激發愛情是相互的，雙方都要能經常保持主動，並對配偶保持熱戀式的關心，以持續婚姻的熱情和增強家庭的價值。

夫妻需要學習溝通、傾聽、互助、合作、妥協等功課。管理知識中的談判、行銷、目標管理、時間管理，心理學中的自我肯定、自我突破……都與夫妻相處的技巧相關。有意改善夫妻關係的現代人都可循著「訓練—應用—改善」的路逐步前進。

過去人們常以「忍」、「怨」、「暗中報復」等手段維繫著僵化的婚姻，以免破裂。現代人則常過度自我中心，往往用爭到底的手段瓦解曾經海誓山盟的婚姻。有管理觀念的現代人則可用訓練與激勵增強婚姻的價值、增加婚姻的能力，讓每對夫妻有興趣、有意願、也有能力不斷創造婚姻的幸福。

在親子關係方面，需要有更好的親子溝通。親子溝通是指：「父母與子女間，透過語言或非語言的方式，表達觀念、說明事實、傳達意見、表現態度和感情，並使對方有所回應。」

溝通的方法有很多種，最好能靈活地運用，使溝通的「資訊有效率 (information reachness)」提高，資訊有效的意思是：

①有資訊，而不只是零散的資料 (data)。父母宜充實與子女溝通的材料，增加有意義、有趣的資訊。尤其對青春期的子女，一定要多討論有意義的內容才可能爭取子女的認同。

②有效，意謂父母的意見、想法和感情等等「有發揮作用 (reach)」到子女的身上了，而不是父母單方面的說教。

一般常用的溝通方法，按照資訊有效率的高低依序是：

①面對面：最有效，可以提供立即的回饋，而且親子間可立即知道對方是否瞭解自己的意思。如果必要，還可以修正調整，以便對方能更瞭解。面對面的溝通也可以觀察對方的身體語言、面部表情，是最重要的溝通方式。

②電話中的交談：是現代人常用的溝通工具，此時較自然，心理壓

力比較小，但需多注意聲調、修辭，避免用命令的。

③便條、小信條：可以簡便地留下要告訴對方的訊息。現代家庭可以多用留言板，或在進門處、冰箱前、書桌上表達對家人的感情和要傳達的訊息。

④正式的文件：父母可以把自己對孩子的正式期望和要求，用嚴謹的方式向子女表達。子女也可以練習用電腦打封信，寫給父母，增進溝通的效果。

不論用哪一種方式，靈活、多元和彈性總是比較好的。我們要體認：溝通是一個意義傳送的過程，所以要儘量用對方能瞭解的內容，使彼此的想法能充份互動。做父母的，不宜講只有成人才懂的東西，需多考慮子女的年齡、心態和想法。如果父母只傳達一些只有大人才關心的事，就容易變成說教、獨白、命令，如此不會有真正心靈的交會，更沒有良好的親子溝通了！

總之，「人種的是什麼，收的就是什麼。」在現代社會中，許多人種下仇恨、對立、敵意和競爭，收的就是各式各樣的問題，而每一個問題都是折磨人的。同樣地，我們常需檢討自己為現代家庭種下什麼？如果我們未曾認真種下信心、盼望和愛，如何能寄望回收信、望、愛這可貴的結果呢？

家庭就像是一個銀行，看我們存進去了什麼，又提取了什麼？存得多，要提取時就有數不盡的資產，其原則是：

①多存入真誠的愛，而沒有一絲仇恨。

②多存入對家人的瞭解諒解，而不要只寄望家人對自己的同情體諒。

③多記住對配偶、父母、子女的承諾，避免破壞自己所說過的諾言。

④多存入溫柔、殷懃，絕不用兇惡、無禮的態度待自己最愛的人。

⑤多用「雙贏互利」的策略，減少「輸贏」的觀念或想法。

⑥多清楚表達自己的期望，減少曖昧的溝通方式。

⑦多注意家人的回饋、反應和想法，避免對家人的忽略。

　　每個人都應在家庭的銀行中有豐富的存款，而每個人所付出的心力會滋長出可貴的利息，而且是利上加利的。

結　語

　　「金窩銀窩不如自己的狗窩」，你躺在五星級飯店總統套房的床上，不一定能像在自己家中床上一樣安眠。外面餐廳的菜好吃，不一定比得上媽媽用愛心烹調出來的家常菜。

　　現代社會是開放而多元的，人們有更多機會去追求名與利、成就感與價值感，也容易結交到朋友。但是，所有的情感都比不上愛情和親情，所有的金錢地位都比不上幸福的家庭。

　　家庭的重要性不會消失，但家庭的結構、功能、組成和運作，一定會隨著時代的變遷，有新的狀況。我們都需要更多認識家庭、更關心家庭，也要學會更多技巧，並以更大的愛維持家庭的幸福。這不只對自己、對家人好，對整個社會都有很大幫助。

問題與討論

1. 請依據表 5-2 和你的好朋友討論你希望的家庭類型。
2. 家庭是動態的系統，你的家庭系統有什麼特別的地方？
3. 你和家人互動，有什麼特別的心得和困難？

第六章

chapter six

家庭功能

學習目標：

1. 討論家庭功能的多種層面及轉變。
2. 瞭解分析家庭功能的方法及規則。
3. 探討家規及子女身心發展。

第一節 家庭功能的概述

　　每一樣東西都有功用，每一種制度則都有其功能，如此才可能繼續維持。我們都知道在人類社會裡，家庭組織是一個最基本的社會制度，換言之，每個社會都看重家庭的存在，因為家庭實在很重要，有著普遍的功能。但是家庭擁有些什麼樣的功能？對每一個人有著什麼樣的影響呢？社會學者歸納出來生育、社會化、保護、經濟、情感等等功能，以下我們就一起來看看，並瞭解各主要功能的變化。

㈠生育功能

　　一個社會若想要繼續生存下去，就必須要有新的一代來接替香火，而大部份社會認可的懷孕生子是在婚姻關係中發生的，家庭具有此一項由社會所認可最重要的「生育功能」。人口的繁殖對每一個社會來說都是非常重要的，因為沒有人口就沒有社會。

　　在傳統社會裡，婚姻就是男女性關係合法化的必要過程，因為這樣一來可以使性行為受到適當的約束和限制；另一方面使嬰兒能出生在一個安全、穩定的環境中，且立刻獲得適當的撫養和照顧（黃堅厚，1996）。

　　通常，社會給予有子女的夫妻相當正面的評價，的確，生兒育女十分辛苦，應多多的給予肯定。幾乎沒有一個社會鼓勵或贊成在家庭之外的生育，所謂的非婚生子女總是無法獲得充份的照顧。

　　在強調個人主義和個人享樂的今日裡，不少人只想追求性的快感，而不願承擔養育的責任，加上科技的進步、避孕藥物、節育方法的流行，以及人口政策的實施，家庭生育的功能已有明顯降低的趨勢（黃堅厚，1996）。此外，婦女大量外出就業對家庭子女數的減少也有影響。

可是，家庭的生育功能不僅是「生產」，還包括了「養育」。這也牽涉到家庭的另一個功能：社會化。

(二)社會化功能

我們都知道，家庭是每一個人接觸到的第一個社會化單位，嬰兒剛出生的時候只不過是一個「生物體」，要經過家庭的薰陶和照護，它才能逐漸地成為一個「人」，一個「社會人」。因此，個人人格的成長受到他小時候生長的家庭影響最大，家裡的父母親、兄弟姊妹，和其他親戚常常成為孩童模仿的對象。小孩子首先在家裡學習到社會規範和文化價值、自我認知、生存和生活的技能、社會對他們的期望，以及應該如何對別人的行為做出反應等。

家庭背負著把孩童訓練成社會可接受的成員之責任。雖然社會化的功能並非只有家庭有，其他還有學校、同輩團體、大眾傳播工具等等也正漸漸地重要，但是，從許多的社會事件中我們可以發現家庭仍然是最重要的。

(三)保護功能

和動物比起來，人類需要較長的時間才能夠成長、自立。成長中的兒童、青少年直到尚未成年的這一段時間內，還有身心障礙、慢性疾病，以及老年人口等等，都最需要家庭的照顧。因為它給了家庭成員一個保護和關懷的環境，家庭成員在其中可以不用擔心外面的風風雨雨，是溫暖安全的避風港。

在現代社會裡，家庭原有的保護功能已經大部份移交給政府和社會了，例如警察和治安單位、醫療衛生機構、社會福利機構等等。但是這並不表示家庭可以完全放下保護的責任，因為家庭的功能不是社會體系所能取代的。除了保障孩子身心的安全，使他們遠離傷害；孩子感覺到

在任何困難的時候，知道父母一定會盡全力來保護他、支持他，家庭是他永久的支助和避難所。

㈣經濟功能

家庭也是一個經濟合作單位，而家庭的經濟功能可以從社會面和家庭面來看。

從社會面來看，傳統的家庭是個生產單位。每個家庭都從事各種的行為來供給家庭成員的實際需要，例如食、衣、住、行等等；甚至可以拿到市場去販賣或交換其他物品。為了達到這些基本的需要，家庭分子彼此合作、分工來達到自給自足。

近年來，經濟生產的工作逐漸由工廠所代替，不過家庭仍保有另一項重要的經濟功能，那就是「消費」。即使現代家庭較少從事生產，但消費的行為卻沒有減少，反而增加；這也刺激了經濟的發展。而且除了提供經濟安全、教導子女如何賺錢之外，培養子女有正確的消費態度也是很重要的：包括如何運用資源、量入為出、如何使自己的錢發揮最大的效益等等，學習掌握自己的生活。

傳統家庭經濟分工多半是「男主外，女主內」。男人到外面工作賺錢養家，女人就在家照顧小孩、整理家務。現代家庭則傾向「雙生涯家庭」或「雙收入家庭」，不論男、女主人均有自己的工作與收入，因此家務的分擔也有些改變。新好男人回家之後不僅要學做家務，也要幫忙帶小孩。

家庭的另一項經濟功能就是家庭成員間的經濟互助，而且這項功能並不因為臺灣目前的家庭結構多屬小家庭制而改變。因為當子女還年幼時，由父母提供經濟來源；等到子女長大成人，有獨立賺錢的能力時，也會回過頭來奉養父母。

(五)娛樂功能

在傳統社會裡，除了少數的節日之外，很少有公共的娛樂活動。因此，家庭就扮演了很重要的娛樂功能。晚上吃飽飯後大家聚在一起聊天、泡茶、看星星，小孩子在樹蔭底下聽大人們講古，或者是玩遊戲。

現代社會，家庭外面的社會環境有著太多遊樂的吸引力，像是電影院、KTV、遊樂場……；甚至家家戶戶裡也有電視、錄影機、電腦等等，佔去大家太多的時間，使得家人之間共同的娛樂活動與時間也漸漸在減少當中。不過，與家人在一起享受的天倫之樂畢竟和其他朋友遊玩的樂趣有所不同。

(六)宗教功能

在中國社會中，祖先崇拜在家庭中具有相當重要的功能。它除了是慎終追遠的態度，也是一種孝道的表現。當時，人們相信祖先在天上看著他們，保護著他們，也監視著他們的行為。而家長藉著祖先的權威，可以對後代子孫施以嚴格的控制。

雖然現代的家庭對傳統的祖先崇拜不如過去般重視，甚至接受了西方的宗教，但是對於家庭所扮演的宗教功能，仍然相當重視。例如我們可以從每逢過節、家庭生活、子女課業遭遇問題的時候，父母會帶著小孩到廟裡去拜拜，求神問卜；基督徒把新生嬰兒的洗禮視為一種莊嚴神聖的儀式，和強調父母對小孩的宗教教育中看出。

(七)情感功能

「家」給人們一種安全、歸屬的感覺。尤其是在今日的社會裡，社區的功能、鄰里之間的關係漸漸淡薄，更凸顯出家庭關係的重要。雖然

婚姻和家庭並不可能滿足人們所有情感的需要，但是它們至少能夠提供某種程度的情感保證和支持。因為家庭的主要功能是家庭成員能彼此提供成長過程中所需要的支持，家人彼此的交互作用構成了其行為型態、角色和價值觀（<u>黃迺毓</u>，1989）。

親密關係是人類基本的需求，可是現代人生活的方式使許多家庭已漸漸失去這項功能（提供情緒支持與安全感）了。因為白天大家上班的上班、上學的上學；晚上有的要應酬，有的要補習，全家能坐在一起吃飯的機會也不多，有的甚至直接包外賣回家，連煮飯都省了。如果現代人再不用心經營，多利用時間和家人相處，恐怕家庭的情感功能將漸漸消失。

其實，社會愈是進步、愈商業化，人們愈需要追求親密關係。所以現代化家庭最重要的功能在於提供家庭成員情緒的支持，而不是傳統大家庭所偏重的物質支持。而情感支持、社會化及生養子女的功能是家庭功能中最核心、基本的功能，是無論時代怎樣改變，社會如何變遷都無法輕易地被取代的。相信只要我們能夠多重視、注意家庭所扮演的基本功能，給予家人多一點的關心，將可以避免社會上許多問題的產生。

一 家庭功能的轉變

事實上，家庭的七種功能從古至今一直存在著，不過到了現代，有些受到了強化，有些則慢慢地受到社會淘汰而減弱了。

①家庭的生育功能至今仍然存在。不過，隨著科技的進步、醫學發達，開始有了人工受精、試管嬰兒等等的發明，使得人們不一定要透過家庭才能獲得下一代的新生命；加上現代人也不願意生太多小孩，甚至不想生，使得現代家庭的生育功能減弱了。

②家庭的部份社會化功能已經被學校取代，也抵不過社會上的種種誘惑和不良影響，被資訊傳播和大眾媒體所取代了。

③從社會上許多家庭暴力、虐待的案件看來，家庭的保護功能也再

次受到了挑戰，已被警政單位取代。

④家庭的經濟功能也一再被工廠、公司、股票等等所取代，人們不一定要透過家庭才能得到經濟的協助。

⑤現代人也不只是完全依循家傳的宗教信仰，跟著父母信，我們開始會試著去追求自己的信仰。

⑥而現代更是充斥著各式各樣的娛樂，有電視、MTV、KTV、保齡球館、電影院等等，使家庭的娛樂功能也被取代了。

⑦最後，只剩下情感功能是現代人最需要，也是家庭最能提供給人們的。在這個分工又專門化的時代，家至少能守住情感功能，並對其他社會組織有所配合及支持。

檢測妳我家庭的功能

由以上的內容我們知道，從現實狀況看來，家庭的七種功能已經無法完全發揮了。不是所有的家庭都能夠圓滿、順利地執行或發揮這些功能。因此，我們也必須進一步地探討原因之所在。

藍采風(1996)提供了以下幾個問題讓我們來思考：

1.家庭成員之多寡

當家庭成員多時，家庭本身就是一個小型的社會，家庭成員也容易在其中學習到如何在社會上生活；但是當家庭成員少時，彼此的互動關係、型態就少，可發揮的功能也就很有限。

2.資源是否充足

首先，我們要問：家庭到底可以提供什麼樣的資源給它的成員？為什麼說「家庭是資源」呢？

諾貝爾經濟學獎得主貝克(Becker, 1991)認為家庭是利他性的資源提供，因為家庭和一般市場不一樣：市場行為是自利性的，可是父母卻甘

心樂意地把資源提供給子女，也把子女的幸福快樂當作是自己的利益。當經濟不景氣，失業率升高的時候，家庭是我們最大的依靠。而家族企業裡，一家人在人力、財力上互相支援、開創事業也是臺灣常見的故事。

再者，社會是否提供足夠的資源來協助家庭呢？

彭懷真 (1995) 曾分析家中有特殊狀況者的照顧問題：最早以家庭為中心，自掃門前雪，不管別人如何；可是後來漸漸發現家庭本身的資源不夠，必須依賴社會上慈善、宗教等機構援助；最後，當個人和家庭無法只依賴機構的力量度過危機時，政府就需要負起照顧的責任。

所以聯合國在「國際家庭年宣言」(1994) 中就說道：「家庭被稱為最小的民主單位，也是社會的核心，可見家庭的重要社會經濟功能早已受到肯定。儘管社會上許多的變遷已經使家庭的角色和功能有了一些改變，但是它仍然是提供家庭成員（尤其是幼兒和兒童）生長、進步所需的精神、經濟、物質支持，以及照顧其他扶養家屬（尤其是老、弱、殘障者）的主要力量；家庭仍然是文化保存、傳遞的最重要途徑。廣義地說，家庭能夠教育、訓練、激勵和支持家庭中的各個成員，既是成員們未來成長的支持來源，也是每個成員發展的基本資源。」就是為了要再次喚起大家對家庭責任的重視，並且協助家庭承擔責任。

但是家庭也有它的侷限性存在，在社會問題和經濟不景氣的情況下，家庭的壓力會愈來愈大。因為畢竟家庭不可能解決所有的社會問題，而且多數的社會問題和偏差行為還是需要專業人員和專業機構來協助處理，單憑家人的關懷和照顧是不夠的。所以，在聯合國大會中有關國際家庭年的第一點決議中就提到：社會各界必須提供家庭足夠的資源，來協助家庭承擔其應有的責任，如財稅、節稅、人力、諮詢和輔導等等。

3.是否懂得如何運用資源

在瞭解家庭和社會可以提供什麼樣的資源給我們之後，我們必須再

進一步地問：家庭的成員是否知道要如何使用這些資源呢？因為即使已經等在那邊，如果不懂得去使用它的話，同樣無法達到它預期的效果。

4.家庭成員有否足夠的意願、時間與精力來有效地運用資源

儘管家庭成員知道有哪些資源，也知道如何使用，但是願不願意和有沒有機會去使用又是另一回事。因為有些資源的取得相當困難或者是手續複雜，使得家庭成員不願意或是無法有效地運用已有的資源。

5.家庭成員是否因意見不合而影響家庭功能的運作

有時候，資源充足、也能夠得到，卻可能因為家庭成員對使用資源的觀點不同、意見不合，使得家庭功能連帶地受到影響，甚至不願意去使用資源。

 ## 評估家庭功能的指標

另外，吳就君 (1994) 也提供了六個指標，來測量家庭功能的好壞：

1.家人之間的溝通方式

在家庭功能好的家庭，成員比較能直接表達自己的感覺。而且，他們說話的表情、語氣、聲調、動作，和說話的內容是一致的；高興的時候，臉上有笑容、聲音也提高了；悲傷的時候，眉也蹙了、聲音也低沈了。相反的，在家庭功能不好的家庭，家人彼此之間的溝通就會出現許多問題，連帶地影響家庭的功能。

2.家庭規則的運作

任何人群的組合，都需有規則，藉以約束其成員，但規則不能太嚴格。功能比較好的家庭，要有規則，但也需富有彈性。例如：家裡有一個規矩，就是「家人要一起吃晚餐」。但是在孩子漸漸長大之後，社交活

動比較多了，家庭會調整規則為要求孩子在不回家吃飯時，要打電話告訴家裡的人。這就是功能好的家庭，會伴隨孩子的成長而作某些調整。

3.家人間的關係

在功能較好的家庭裡，家人彼此之間的界限是清楚的。它能讓各個獨立的「我」和一個共同的「我們」同時存在。也就是說，孩子們知道讀書是自己的事；但是他也知道，在遇到有疑難的時候可以請父母或兄姐幫忙，他不會認為讀書是為了要討好父母，也不會認為父母有義務要幫他寫功課。

4.家庭的氣氛

功能較好的家庭氣氛是幽默、歡笑和樂觀的，而不是死氣沈沈、充滿恐懼和威脅的。

5.整個家和外界的關係

功能較好的家庭比較開放，容易接受新的事物、不同的意見或是新鄰居；也比較不會用猜疑和不信任的態度去對待人。

6.自我價值感

將自我價值比喻成甕中水的家族治療大師薩提爾 (Virgina Stair) 說過：生活在家庭功能較好的人，通常會覺得自己的甕裡經常充滿水，而生活在家庭功能較差的人經常覺得自己甕裡的水是酸的，甚至是乾枯的。

第二節 支配家庭功能的規則

「規則」是一種行動、也是一種方法和經由協議所制訂的守則，而

且「規則」有下列的幾個特性：

①人是規則的動物，人在群體中依規則來行動。

②規則形成之後，會約束人們的行為：藉由規則的訂定，人們學習什麼是被允許的、什麼是被期待的。

家庭規則 (family rules) 也具備以上的特性，它決定了人類行為的模式，提供互動方式的準則，並使每個家庭形成各自的傳統。家庭通常要制訂許多管理的規則，包括經濟的、家事分工的、節日的慶祝方式，以及教育、情感、性、身體（包括生病和健康）還有教養的規則等等。而夫妻雙方都會各自從自己生長的家庭帶來不同的規則，因此雙方如何妥協、達成共同的協議也就非常重要了。

③規則會趨向中庸，不偏向極端，所以會有保守性：所有的家庭成員都必須認識自己家庭的規則，因為這些規則是建構和維持家庭成員關係的公式。如果能夠瞭解這些規則，你就能夠瞭解家庭成員之間是怎麼界定彼此的關係了。以下有一些專家學者對家庭規則作了一些解釋：

‧精神科醫師傑克遜 (Jackson) 認為家庭成員中某甲對某乙的反應，取決於某乙對某甲的反應。也就是，因為你「那樣」對我，所以我「這樣」對你，家庭成員之間彼此用重複的方式互動，就形成某種特定的關係規則。依照他的說法，家庭成員的行為深受家庭規則的影響，反而不是個人需求或特質。

‧薩提爾 (1972) 說：大部份的家庭規則並沒有被寫下來或是用明顯的口語表達，家庭成員透過觀察家庭關係中重複的行為而學習。因此，雖然家庭規則沒有被具體地呈現出來，但是每個成員都知道它的存在。

‧約翰‧布雷蕭 (John Bradshaw, 1988) 認為家庭規則反映出父母對生命的信念和價值觀，也決定了他們用什麼方式來養育子女。薩提爾 (1967) 也認為家庭的價值體系是家庭中非常重要的成份，決定了家庭成員的行為，什麼事應該做、什麼事不應該

做。例如，「小孩子不可以頂嘴」、「爸爸在看電視或報紙的時候不可以干擾他」、「母親決定家裡的錢該如何花」、「女兒要幫忙洗碗，兒子則不用」等，都是值得爭議的規則。而且當小孩長大之後，仍然遵守著這樣的規則，也會繼續傳給第二代、第三代甚至第四代。

有些家庭規則過於僵化，忽略了家庭規則應當隨著子女的成長有所變化以取得相互適應。薩提爾認為功能失調的家庭，一定有些阻礙家庭發揮應有功能的規則。在健全的家庭中，規則可以幫助家庭形成次序和穩定，並且允許家庭成員在變動的環境中改變。討論家庭規則最重要的學者布雷蕭 (1988) 則認為有許多家庭規則是具有傷害性和羞辱性的，會破壞孩子內在的統整，而帶來自貶的心。

檢視自己的家規

一 四個層面

美國最傑出的女性社會工作學者薩提爾 (1972) 對於家規的解釋，提到有四個主要的層面要考慮：

1.對於你看到和聽到的事，你能說什麼？

你能夠表達你內心的害怕、無助、忿怒、寂寞、敏感、攻擊或舒適的需要嗎？

2.你能夠對誰說這些？

你是一個孩子，聽到你爸爸正在罵人。而你們的家規是不許罵人，你能提醒父親這條家規嗎？

3.如果你對某個人或某件事表示不贊成，你將怎麼做？

你是姊姊，當你和弟弟吵架時，媽媽總是要你讓弟弟，你會怎麼辦？

4.當你對某些事不清楚時，你如何提出你的疑問？你會提出疑問嗎？

父母親正聊到一件事，情緒激動，而你聽來聽去都聽不懂，你會怎麼辦？

再仔細地想一想，是否有些事情存在你們家中，卻從來沒有被提起過，你知道為什麼嗎？

 功能良好的家庭規則

功能良好的家庭規則是清楚而明顯的，丈夫和妻子能夠瞭解各自原生家庭中的溝通態度和行為模式的差異，並且彼此接納而不加批判。

良好的家庭規則摘要如下（布雷蕭，1988）：

①問題可以提出討論和面對解決。

②准許薩提爾所說的五種自由存在，而且努力達成，即：

- 自由去聽和看此時此刻發生的事，而非只是過去、未來或是「應該」的事物。
- 自由去思考自己所想的，而不是應該怎麼想。
- 自由去感覺自己真正的感受，而不是應該感覺的。
- 自由去渴望和選擇自己想要的，而不是應該要的。
- 自由去幻想自己想要達成的目標，而非永遠扮演安全而僵化的角色。

③家人之間的關係是平等的，每個人都同樣有價值。

④家人的溝通是直接平等的。

⑤家庭成員知道如何使自己的需求得到滿足。

⑥家人可以展現跟其他人不同的特質。

⑦父母言行一致，他們是自我約束的管理者。

⑧家庭成員的角色具有彈性。

⑨家庭氣氛自然而快樂。

⑩家人會有責任感來維持共同規則。

⑪在侵害到其他家人的價值觀時，會感到抱歉。

⑫容許犯錯，而且視錯誤為學習的過程。

⑬家庭系統是為了個人而存在。

⑭父母親具有健康的羞愧之心，也能夠面對自己的羞愧。

 ## 害人的毒性教條

心理分析學者愛麗絲‧米勒 (Alice Miller) 曾把那些陳腐不宜的家庭規則統稱為「毒性教條」，她認為那些害人的教條是一種侵害兒童權益的暴力，而且常會重複出現，當那些受虐的兒童長大成為父母後，歷史往往再度重演。

毒性教條把「服從」當作最高價值，其他的還有整齊清潔、控制情緒和慾望。當孩子們能照著指示去思考和行動時，他們才是「好」孩子。小孩愈是「有耳無嘴」、愈是「說話適時」愈好。

米勒將「毒性教條」摘要如下：

①對需人照顧的孩子而言，成人就是他們的主人。

②成人像上帝，可以決定是非對錯。

③父母生氣是因孩子不對。

④父母可以犯錯可以免受責難。

⑤孩子在生活中若自主獨立，對權威的父母來說是一項威脅。

⑥孩子太好強的個性要及早「化解」。

毒性教條使家中的某些人（父母）能完全控制另一些人（孩子），而

且灌輸給孩子一些錯誤而未經證實的知識和觀念。可是一直以來，除非有極嚴重虐待兒童的行為出現，否則沒有人會為了孩子的權益而干涉父母的管教方式。

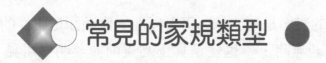

常見的家規類型

家庭是一個小型的機構，存在著各種規則，比較常見的有以下幾類：

(一)人性的

即規定的是有關於人性的，認為家庭成員「應該」或「必須」有怎樣的人性特質。例如：「每一個人都要絕對忠誠於家庭，絕對不容許有背叛（不同於家人）的存在」、「我們家的人一定要是勤奮的，絕對不可以有任何時候在偷懶或怠惰」等等。

(二)否認的

否認的家規指的是，要求自己在一個幾乎不可能保護人性的規則下生活。在毒性教條之下，人本性中的一些特質不斷地被否定。例如：「你不應該這樣感覺！」、「為什麼你要那麼想呢？」、「你怎麼那麼笨！」、「不管發生什麼事，都要看起來很快樂！」等等。

(三)外顯的

即家規的規定是非常明顯可遵循的，例如規定穿著不可邋遢、遇見師長要恭敬行禮、「坐要有坐相，站要有站相」、吃飯喝湯的禮儀等等規

定明確的家規。

㈣隱藏的

意指規則的表面是開放的，可是裡面的意涵卻是服從的——「可以談論，但又要視若無睹。」也就是真正的規則並非明顯可見，而是隱藏在其他家規背後。

㈤建設性的

指對於發現家庭問題，可以幫助家庭解決問題的規則，例如：「這個月的家用有點緊，讓我們坐下來好好談一談。」

㈥破壞性的

相對於建設性的家規，破壞性的家規不僅不能解決問題，反而會引發更多的問題。例如：「別對我說你錢不夠用的事情——那是你的問題。」

㈦關於社會化的

此種家規提供了指引、動機和限制。它規範了「向誰說」和「說什麼」的自由。例如：「小孩子絕對不可以向大人、老師或其他的權威回嘴。」、「不要太愛表現」、「永遠要和和氣氣的。」

㈧關於感受的

家規通常建議人們表達「應該」的感受，而不是他所擁有的真實感

受：「如果我感到有點軟弱，就應該表現得強；如果我感到害怕，就應該表現得勇敢。」這些規條意味著我不應該擁有哪些感受（如憤怒）、和哪些人分享（如家人、朋友），以及應該假裝或相信那些並不存在的（如絕對的控制）。例如：「不要表露你的感受。」

㈨關於性別、角色的

規定著什麼人可以做什麼？什麼人不可以做什麼？例如：「性是不好的」、「女人是不可以強勢的」、「男人是不可以溫柔的」、「男人就應該出外工作，女人只要在家帶小孩、把家顧好就好了。」

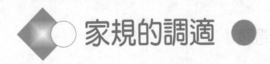

家規的調適

每個人的家裡多多少少都有一些家規，規範著家庭成員的言語、行為，對家裡的每一個人都造成影響。在我們知道什麼是家庭規則，並認識常見的家規之後，我們也要學習如何適應家規和調整不良的家規。

 ## 一 適應家規

你最好想一想：為什麼要遵循家規？是因為它們對我有意義，或是這樣才能使我得到想要的，或者是讓父母高興、讓父母相信我，還是因為這樣我會覺得舒服……？

再想一想，你在什麼時候會遵守家規？是經常、有時、或是當你高興、或者除非必要時，還是絕對不遵守呢？提供你幾個遵循家規的策略：

①不抱怨家人。
②提醒自己留意家規。

③對家人保持尊重。

 調整家規

你是否也意識到只要你還住在家裡，就得瞭解父母的家規。這並不是說你得完全同意或喜歡它們，你也可以要求討論並做修改。以下有幫助你和父母正面溝通的十二法門：

1.家規知多少？

首先，你總要先知道自己家的家規吧！包括你必須做的和不該做的。

2.家規難免有問題！

然後，你會發現有一些家規不太合理，或是難以遵循。你可以先把它們寫下來，加上你不滿意的理由，以及違反家規時的結果，並寫下你認為可以用來取代的家規。

若是你在成長過程中努力遵循家規，父母會樂於聆聽你，也會容許你有機會表達修改家規的意見。你的責任就是要學習如何在尊重父母的同時，表達你的需要和意見。所以，接下來你要做的就是：

3.父母要什麼？

你可知道父母為什麼認為這條家規很重要？

4.我們都同意……

父母為什麼要同意你所訂的家規？他們有什麼好處？

5.最佳時機？！

什麼時候是與父母討論修改家規的最佳時機？總不會是他們正在忙

碌中、心情不好或是當你觸犯家規的時候吧！

6.大家一起來！

最好同時和父母一起協商，才不會讓他們以為你是「柿子挑軟的吃」，也能澄清彼此的想法。

7.尊重父母的最後陳述權！

讓父母知道他們有最後的決定權：「我知道你們有最後的決定權，我只是想讓你們知道我希望改變的理由。」

8.Say it！說出來吧！

將你之前所準備的說出來吧！不過要注意的是，一次針對一個主題，不要一下子全部提出來。

9.避免抱怨！

說出你的感受，而不是滿口抱怨。因為，當父母生氣或是覺得被抱怨時，絕不會好好聆聽你所說的。

○：「我希望能夠和你們坐下來，好好地談一談有關於我們家家規的事。」

×：「你為什麼那麼兇！」

10.我聽到了！

聆聽父母的見解，讓他們知道你也聽到了。

○：「我知道你們擔心我會做錯，交錯朋友，或是發生什麼事。」

×：「喔！又來了，你從來不聽我說，我已經夠大了。」

11.我願妥協！

為了同時滿足你和父母的需要，妥協有時候是必要的。

○：「你擔心我去哪裡，或是跟誰在一起，而我能告訴你我可能會
　　去的地方。」

×：「我偏要這樣，不要就拉倒。我同學的爸媽都讓他們去，不像
　　你們不講理。」

12.感謝您！

成人也希望得到欣賞和肯定的回饋，這也可以使他們下一次更願意
討論和修改家規。即使他們不同意，也要謝謝他們，才有可能有下一次
的機會。

○：「謝謝您們的聆聽，並考慮有關修改家規的事。」

×：「你從不給我機會！」

也許，修改家規的事不是一次就可以成功，但是只要你表現出你的
誠意，相信父母親一定能感受到的。

第三節　家庭功能與子女發展

我們相信，家庭的功能如果能夠有效地發揮，對家庭裡的每一份子
都將有所助益。但是，家庭功能與子女的發展有著什麼樣的關係呢？

◆○ 建立子女的自尊心 ●

 訓練獨立

當孩子對自己日常生活的行為有獨自完成的能力時，就應該讓子女
自己動手完成它。因為家庭的保護功能，並非是保護子女完全不受到任

何的傷害，而是提供一個安全、舒適的地方讓他們安心地成長。

　　而孩子們也需要從失敗中學習到成功的秘訣，進而嚐到經過一番辛苦努力之後所得到成功的果實。當孩子能夠不靠別人而獨立完成事情時，孩子的心中會對自己產生信心，並感到光榮，而更要求親自完成想要做的事。

 ## 自我激勵

　　家庭提供的情感功能對建立子女的自尊心也有所幫助。因為，當子女開始模仿父母的日常行動（譬如折棉被、洗碗、掃地……），受到父母的誇獎、讚美之後，會有被肯定的感覺，進而形成一種自信和驕傲的感覺。因為這不僅表示他可以和父母作同樣的事，也因為他能夠為家庭幫了大忙而高興；幫助他人的快樂，給子女帶來了值得誇耀的情感。

　　家庭提供的情感功能對建立子女的自尊心更是重要。因受到父母的肯定之後，也會激勵孩子向新的課題挑戰，在無形中養成一種向困難挑戰的決心，幫助孩子堅強地度過難關。因為靠自己、鼓舞自己、向新課題挑戰的意志，可以幫助孩子擁有真正的自尊心（張豐榮譯，1987）。

 ## 建立自尊心

　　當孩子慢慢長大之後，生活圈會漸漸擴大、和同輩間的交往會愈來愈複雜，彼此競爭的情形也會愈來愈多，因此就更需要加強他內在的情感和自尊心。因為，可以和大家做同樣的事情、被認同、甚至會做大家都不會做的事，進而受到尊重、在朋友之間佔一席之地已經成為養成孩子自信、自尊的重要條件了。自尊若沒有建立好的話，孩子會對自己沒有信心，做什麼事都怕怕的，覺得自己一定很差，愈來愈不敢表達自己，甚至否定、看不起自己。

　　因此，父母親應該幫助孩子接納自己，發掘自己的優點，從日常生

活中肯定自己。幫助孩子勇於嘗試，並從錯誤中學習，讓孩子知道失敗是可能的，並能夠包容他人。所以，若是父母過度保護孩子，什麼都不讓他做，哪裡都不能去的話，孩子的自尊心就很難建立了。

但是，「自尊」必須和「自愛」區分開來。「自愛」是「自己的事才是問題，只要滿足自己真正的需要就好了。」，「自尊」則是「跟自身以外的事物相比，所以不可能有滿足的時候。也因此會產生充滿憎惡之心、容易焦躁的情緒等。」

如果孩子的自尊心是完全拿自己與別人作比較，如果別人會的我不會，就有自卑感；別人會的我也會，就有安全感；別人不會的我卻會，就有一種優越感。這樣會使他過於注意和他人比較，而不去面對各人有各人之特質與專長的事實。坦率地面對自己，承認自己的優缺點，並且能夠竭盡全力、勇往直前、不怕失敗，如此才是一個真正有價值的人（張豐榮譯，1987）。

 ## 子女身心發展與行為偏差

孩子的發展有大致的軌跡，也有可能出現偏差，如問題行為或偏差行為。「問題行為」，通常是指由於情緒困擾或性格上的偏差，使得生活上產生適應欠佳的行為表現。但是，問題行為並沒有固定的評斷標準，通常是依據兒童發展的成熟程度，與同年齡兒童行為的比較而定（吳炳銅，1992）。

「偏差行為」主要是指個人的行為顯著偏離常態，並且妨礙個人生活適應者。而且是在「有異」和「有害」同時存在的情況下，才符合「偏差行為」的定義（吳武典，1992）。

父母當然不希望見到子女有偏差行為出現，但是要改進子女的偏差行為之前，必須先瞭解孩子為什麼出現偏差行為，先瞭解問題出在哪兒，才能對症下藥。以下，我們從幾個方面來探討：

孩子身心發展

　　有許多時候，父母以為子女的行為是偏差行為，但其實是子女在身心發展階段正常的現象，或是出現不適應的狀況。此時，父母要做的並不是一味責罰孩子，而是幫助孩子適應並一起努力解決疑惑。以下扼要整理一個人自幼年至青少年的身心發展狀況：

表 6-1　子女身心發展軌跡表

年齡 特徵	5-7 歲	8-10 歲	11-13 歲	14-16 歲
生理 發展	・好甜食，睡眠良好，好動易摔傷。	・身體健康良好，喜愛耗力活動。	・個體的差異顯著，有早熟現象，女孩較男孩早熟二年。	・第二性徵發展成熟，對性產生好奇，易產生性衝動。 ・內分泌的變化：腺體的發展影響體型、情緒、體力和健康。
動作 發展	・很少有靜止的時候，在發洩儲積的力量。	・常保持動態的情形，跑、跳、追逐。	・男孩喜歡做機械工作，女孩的興趣常在做家事方面。	・男性肌肉發展勝過女性，力量亦勝過女性。
認知 發展	・注意力短暫，對於長期要求注意力的活動易顯出坐立不安。	・對事有相當的理解力，但還沒達到完全合邏輯的階段。 ・努力發展特殊技巧，喜計畫自己的行動。	・表現出較成熟及多樣性的興趣。	・在面對外界事物時通常以自己的想法推估他人的想法而產生自我中心現象。

社會發展	・高度自我中心。 ・與鄰座朋友遊玩，發展到與小團體遊玩。 ・男孩、女孩的興趣開始分歧，注意性別差異。	・喜愛有組織性的遊戲，從事有競爭性的活動。 ・開始形成同性幫派，以表示被團體接納。 ・因自我評價能力之發展對成人有批評的態度。	・同伴的規範開始顯得重要，依屬同伴。 ・從幫派的團體移到交一、二個親近朋友。 ・由於「自我評鑑」的能力及「自我改進」之興趣增加，可能表現批判及不合作。 ・常會感到成人的不公平。 ・男女間常會互相戲弄嘲笑。	・同儕的影響力大增，父母的影響力相對減少。 ・偏差次級文化影響青少年反抗傳統、反抗權威、反社會行為或犯罪。
情緒發展	・大部份傾向自由表達情緒，勃然大怒為常事。 ・開始爭取成人的注意與愛護，並表現嫉妒。 ・情緒易於接受暗示或指導。	・自以為已經成長，言行中表現出成人的姿態。 ・已注意到他人感受，多以自我為中心。 ・對來自他人的批評或譏諷相當敏感。 ・由於身體的發展，反抗作用常表現在行動上。	・兒童與成人因言行衝突而產生適應困難。 ・明瞭規則僅為一般性指導原則不必過分拘泥。 ・愛幻想有偏見。 ・常設法引起公眾的注意。	・幾種明顯的情緒：情愛、自卑感、羞怯、負疚感、憂慮、極度沮喪、反抗、情緒常有不穩定現象。 ・自我發展以心理自我的建立為主。 ・自我辨識發展是連續性的變化歷程，有前進與後退的二種變換類型。
道德發展	・是非的辨別是從成人的態度、語言或表情察知的，認為受到讚許是對的，受到責備是錯的。	・對善惡的解釋有了個人的看法，不再完全依照成人的說法和標準。	・以前只注意是非善惡的籠統問題，對實際社會發生興趣後，則注意有關各方面細節，因知識有限，常用情緒與偏見眼光判斷事物。	・道德發展日趨圓熟： 1.知的層面：道德知識、認知作用。 2.情的層面：道德情緒、內外在情緒作用。 3.意的層面：意志、自我控制力量。

孩子出生別

　　另外，孩子的出生別對孩子也有所影響。美國密蘇里大學的傑洛米・巴哈 (Jerrid Bach) 博士曾就不同排行的孩子如何參與家庭、滿足家庭的需要和可能發生的問題提出說明。他分析：當孩子出生後，會依排行順序一一滿足以下四個家庭系統的需求：
　　①生產的需求（符合傳宗接代的期待）。
　　②情緒維持平衡的需求。
　　③人際關係的需求。
　　④統一的需求（整合家庭）。

(一)第一個孩子

　　長子女會繼承家庭的主要價值觀，並且將會和父親持相同或是極端相反的價值觀和抉擇。他（她）明顯地負擔起家庭中有意識而明顯的期望，因此比別的孩子更被期望要有好的成就表現。具有以下行為模式：
　　①較傾向於他人取向，並具有社會意識。最能意識到社會規範和自我形象。
　　②擅長清晰明確的事物，要求知道細節並較注意事情的表面而非內在含意。
　　③因為受到父母的高期許和高壓力，較難發展出高度自尊。

(二)第二個孩子

　　老二因為從一出生就要跟老大共享父母的注意與照顧，通常會拿出競賽的精神來。但是如果老大在某方面表現優越，老二就會往其他方面發展，而且根據研究顯示老二的發展方向可能或多或少與老大相反。

他們會回應家庭系統中隱藏的及潛意識中的規則，通常和母親較親近，抉擇和價值觀也和母親有關。

(三)居中子女

他們所認同的是父母的婚姻關係，也是婚姻緊張關係的最佳緩衝者，因此很難建立獨立的人格。

此外，居中子女還有以下特質：

①最會隱藏自己。

②最不願向心理學家、輔導或宗教人員尋求協助。

③善於呼朋引伴。

④最具有一夫一妻的傾向（因為他們在成長過程中覺得與其他兄弟姊妹格格不入，所以在組織家庭時特別希望能有幸福美滿的婚姻）。

⑤易於受窘，卻多半不願承認。

⑥他關心的焦點是家中的人際關係。

⑦看起來不介入衝突，但事實上是非常投入的。

⑧常覺得左右為難，難以抉擇。

(四)最小的孩子

他會像雷達一樣偵察和指認家中的一切活動和互動，捕捉家中未獲解決的緊張和衝突。

個性單純、無憂無慮、活潑外向、愛反抗、批評、喜怒無常、嬌生慣養、缺乏耐心、個性衝動；喜歡引人注意、希望受人重視、喜歡被稱讚、鼓勵，常是家中的調皮鬼和開心鬼、易受激勵而奮發圖強、成為優秀的銷售員。

①經常想幫忙解決家庭問題卻覺得無力無助，因此常藉著扮小丑來

轉移或減輕家庭的衝突。

②看起來總是一副被寵壞和幼稚的模樣。

㈤獨生子女

獨生子女在特徵上與老大相似，但是其特質的強度卻是老大的三倍。例如：批評、寂寞等等。原因有二：

①特殊寶石：即父母原本想要有很多小孩，可是最後卻只生下一個孩子。所以父母會將所有的精神和注意力都放在他（她）身上，而被寵壞變得嬌生慣養、以自我為中心。

②父母只想生一個小孩：這種情形的獨生子女個性較順從、冷靜和平和，但是內在的心卻是反叛和自卑的。另外也因為父母嚴格的管教而使其變成「小大人」。

③獨生子女也可以說是老大和老么的共同組合體，兼具二者的特質：雖然處事老練，但是心存恐懼、反抗和憤怒，也就是有「表裡不一」的情況產生。

④獨生子女也比較容易形成雙重人格，要求完美、對達不到標準的人缺乏耐心、不寬容。

三　父母教育態度

美國學者巴默德 (Baumrind) 研究中發現：父母的態度和行為會影響孩子的情緒環境和行為，雙親互愛、彼此尊重的孩子是最有自主能力和自我控制的一群。

日本學者品川孝子也說到：「父母的教育態度對孩子的行為具有影響力；父母的教育態度經常受自己人格特質、內在動力所影響著。而人與人之間的關係是互動和心理交流的，表面上很平和，但是在累積了許多小小的不滿之後，會造成精神性缺陷，隱藏著許多的抗意，隨時都會

不經意地發作。」他將父母的教育態度分為七類：

表6-2　常見的父母教育態度及子女可能有的問題

類別	父母的態度	孩子的問題	備　註
拒絕型	1.忽視。 2.丟棄。 3.否定。 4.處罰。 5.虐待。 6.威脅恐嚇。 7.屈辱等。	1.努力取得父母的愛。 2.引人注意的動作。 3.攻擊性心態。 4.異常行為。 5.遲滯（發育、反應遲緩）。 6.消極性反應： 　a.固執型。　　b.完美癖。 　c.孤立型。　　d.逃避型。 　e.嫁禍型。	孩子將壓抑的敵意轉變成人格上的問題，如自卑感、不安全感、無價值感、孤獨感、屈辱感、失敗感等。
溺愛型	1.不會反駁孩子意見、需要。 2.無法責備、禁止孩子。 3.孩子不須為自己的問題與行為負責，易遷怒人。 4.不指出孩子的缺點，一味誇讚孩子的優點。	1.情緒尚未充份發展，有明顯幼兒傾向。 2.缺乏自主性、創造性。 3.對愛的需求強。 4.自我中心。 5.為達目的，不擇手段，只求快速、滿足。 6.無法遵守規則。 7.無法完成工作。 8.穩定度不夠。 9.對需求不滿足的忍耐力不夠，有攻擊性、神經性的行動。 10.和同輩之間的合作性差。 11.對性發展快，但無法等待。	

過度保護型	1.最關心健康，對孩子生病、死亡有極度的恐懼感。 2.擔憂孩子的安全性，在沒看到孩子前無法安心。 3.過度希望孩子比別人好。	1.乖小孩、順從、有禮貌、機械化、無創意。 2.害羞、依賴大人、無主見、無法發展日常生活技能和保護自己的方法。 3.缺乏責任感。 4.工作前猶豫、辯解、批評來逃避負責任，怪罪他人，做事情不主動。 5.無法進行粗暴的遊戲，有擔任領導的傾向以滿足自己的成就。 6.社會技巧差。	雙親會照自己所想像的危險儘量讓孩子避免，但卻也常會妨害孩子正常的活動。
嚴格型（權威型）	1.常利用禁止、批判、責難等當武器，使孩子處於痛苦狀態。 2.父母對孩子的要求高、期待深，當孩子無法達到此要求時，其反應都是過於苛刻的。 3.父母同時呈現愛孩子及憎恨孩子的狀態。	1.自我理想高（來自於認同父母的理想）。 2.順從，有小大人傾向，但也因此而自我壓抑。 3.獨立性較差，適應較有問題。 4.較無法享受人生的快樂。 5.長大後有時會有性生活的障礙。 6.自我概念低，與同輩相處易有自卑感。 7.反抗性較強。 8.缺乏自發性。	1.過度保護型的父母有時也會出現嚴格型的現象。 2.「嚴格型」存在於各國文化中，尤其常被視為父親的特徵，但事實上也常出現在和孩子相處時間長、具有強硬人格特質的母親身上。
期待型（依賴型）	1.父母常以身體疾病為由，起初要求孩子作些簡單的家事，逐漸地將許多責任推託給孩子。 2.父母一開始感覺不好意思，至終則變成理所當然。	1.認命、接受父母給予的責任。 2.獨立能力低（因為家庭需要我）。 3.計畫能力低，依賴需求高。 4.較不易信任大人。 5.認同父母的自卑、無奈。	常出現在農業社會或經濟較困難的家庭。

期待型（野心投射型）	1.視孩子為借來的物品一般。 2.希望子女所受教育、未來的社會地位與生活比自己現在要好。 3.若子女無法達到其希望時，將不擇手段達到目的（如不斷要求孩子努力）。	1.消極反抗：表面柔順，但生活冷漠、沒生氣，上課不專心、不用功等。 2.積極反抗：因知道自己無法達到父母的標準，有時追求表面的快樂，有不良傾向，可能發生口角、辯駁、離家出走或自殺等。 3.表面上接受父母的激勵，暗地裡卻用合理化、壓抑處理內在的壓力。	
矛盾型（行動矛盾）	1.今天與明天的看法互異，或數分鐘之內就完全改變原先的想法和態度。 2.父母通常在保護、溺愛及反感之間徘徊游移（如首先表現出討厭孩子的行為，事後產生罪惡感，就用激烈的愛來補償剛才的行為）。	1.情緒不安定（常擔心何時會再挨打）。 2.行為沒有可遵循的準則。 3.面部有痙攣，神經性行為產生，如官能症。 4.不斷重複某些行為，如強迫性行為。 5.生活極為小心，尤其是數字方面的課程。 6.延宕能力低。 7.易產生反社會心理或不良傾向。 8.自我無法延伸，造成生活無目標、無意義。 9.有自卑感。	1.矛盾型父母在溺愛和過度保護的背後隱含了拒絕。 2.精神分析學派的學者認為父母對孩子各種溺愛、過度保護的行為可能是其敵意的偽裝，是為了避免自己可能對孩子造成傷害而產生的。 3.會阻礙孩子的成熟、獨立性、社會適應，造成孩子的不幸。

不一致型	A.父親拒絕型，母親過度保護型。 B.母親佔優勢，父親從屬型。 C.父母親不和。	A1.孩子有激烈的反抗行為。 A2.孩子不易找到行為的依據，對自己的行為缺乏統御能力。 B1.此種型態下的男孩會有女性化的傾向，而女孩會有男性化的傾向。 C1.缺乏安全感，自我功能低落，自卑感重，易產生罪惡感。	A1.此種反抗心理會逐漸擴展到家族或家族外的權威者身上，最後對社會產生衝突。 B1.男孩較喜歡母親，但也常須面對母親嚴格及支配的態度，他須不斷反抗母親以保持男性傾向，或認同母親，趨向女性化。 C1.父母爭奪孩子站在自己的一方，易造成孩子內在的衝突（例如贊同父親的看法，卻也同情母親）。

四 家庭氣氛

　　家庭氣氛對孩子的影響很大，不論在人格調適、社會行為發展、工作態度、擇友和婚姻，甚至是對於幸福和快樂之感受都包括在內（彭駕騂，1985），以下整理出五種常見的類型：

表 6-3　家庭氣氛和行為特徵的對照

家庭氣氛	堅定、溫暖、民主	放任、過度保護	強制服從	紀律不一致	嚴格、專制
行為特徵	1.自治獨立。 2.適度的從眾。 3.不緊張。 4.意見溝通自動自發。 5.人際關係良好。	1.缺乏自治精神。 2.缺乏責任感。 3.自我依賴性低。 4.人際關係良好。 5.成熟遲滯。	1.盲目的順從。 2.反抗性強。 3.退縮。 4.心情起伏不定。	1.缺乏自治精神。 2.缺乏獨立性。 3.公開的反抗。 4.缺乏責任感。	1.盲目服從。 2.公開或暗自反抗。 3.缺乏責任感。 4.對依賴的衝突退縮。 5.心情起伏不定。

　　家庭氣氛對孩子行為的影響可從上表中看出，而且行為的產生也非一定是從哪一種家庭氣氛而來。因此，當父母絞盡腦汁想要改進孩子的偏差行為時，回過頭來思考自己營造出什麼樣的家庭氣氛，是否是影響孩子行為的因素呢？

五　生活事件經驗

　　其實，孩子們的成長是從他所經歷的每一個「生活事件經驗」，是結合當時的「身心發展狀態」累積而成的，而且會持續地影響到下一階段的「身心發展狀態」。而孩子的偏差行為，有時就是從許多的生活事件中累積而成的。以下就用圖 6-1 來解釋：

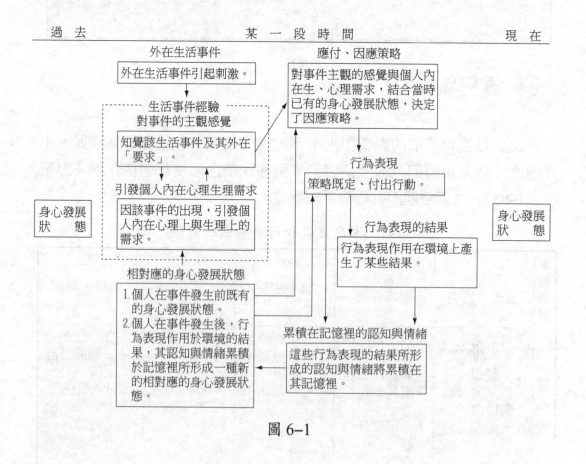

圖 6-1

　　孩子的身心發展、出生別、父母的教育態度、家庭氣氛以及生活事件經驗都會影響孩子的行為，也就是家庭是否發揮良好的功能會影響孩子是否出現偏差行為。因此父母想要改進子女的偏差行為時，必須從家庭功能的幾個方面來檢視與探討，才能找出真正的原因，確實改進子女的偏差行為。

結　語

　　在目前這快速變化的社會中，家庭功能不斷地在變化與修正，其影響也相當深遠，小到家庭的成員、人際關係，大到社會現象、問題的產生，使我們不得不去重視它。而我們在瞭解了家庭功能及影響後，更可以理解許多社會現象背後的影響因素，幫助我們更認識自己的家庭，以及我們所生存的社會。

問題與討論

1. 你覺得你家庭的功能健全嗎？你希望將來結婚後的家庭以哪些功能為主？
2. 你分析你家庭有哪些主要的規則？有沒有不合理的？
3. 你如何改善家庭的氣氛，使家更充滿愛？

第七章

chapter seven

家庭溝通

學習目標：

1.介紹家庭溝通的方法及增進溝通的技巧。

2.說明造成不良溝通的方式及原因。

3.探討良性和諧的溝通技巧，並能實際應用。

第一節　家庭溝通的概述

從上一章家庭功能中我們談到，現代的家庭中，情感功能非常重要，超越了其他的家庭功能。家庭的情感功能要發揮得好，則需要有良好的溝通。

最主要的家庭溝通包括夫妻、親子、兄弟姊妹、婆媳、妯娌等，不論哪一種，都需要面對「溝」，也要去「通」。鄭慧玲 (1978) 在翻譯自華魯士 (Wallace) 家庭溝通一書寫序時提到了「代溝」一詞，這個名詞有一陣子也經常出現，並且引起各方廣泛的討論，我們不僅可以在電視廣告中看見它，青少年也常常把它拿來當作自己和父母之間距離感的解釋。「代溝」指的是兩代之間的差距，父母抱怨子女不尊重他們，而子女則抱怨父母不瞭解他們。但是，把家庭不合的原因歸咎於「代溝」就能解決問題了嗎？其實，這麼做只是承認問題的存在卻沒有解決，就像是許多人把分手或離婚的原因歸為「個性不合」一樣，夫妻的溝通十分重要。

到底「溝通」是什麼？它有多麼重要？在這一章的內容中，我們要一起來探討家庭裡的溝通這個主題，看看什麼是家庭溝通，怎樣才能有好的溝通。

溝通的功能與目的

羅思曼摩 (Rosemore, 1974) 主張溝通乃是兩人之間有意義的互動，彼此交換訊息。如果雙方在溝通時有真正的接觸，交換不同的經驗、感受、思想、期待和知覺，則兩人能藉溝通來加強關係，並獲得個人的成長。

薩提爾 (1988) 認為「溝通」是指發生在人與人之間的一切現象，是交談時所發生的口語和非口語的行為；它是訊息傳遞的過程，決定了人

與人的關係，也反映出個人的自我價值。

彭懷真 (1996) 說明溝通有幾個基本特徵：

①溝通是有意義符號的交換：我們透過表情、語言、文字，或各種媒介去表達意義。

②溝通是一個動態的過程：包含來源、訊息、收訊者三個要素（見圖 7-1）。

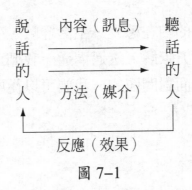

圖 7-1

③溝通是交互作用的：溝通不是「一方說，另一方聽」的事，傳訊者和收訊者必定有互動，即使是沈默，也是一種表達（如抗議、拒絕、冷漠等）。

④溝通可以滿足我們的各種需要：例如社交、表達、自尊、安全等等。

 一　家庭溝通的功能

溝通的功能有下列四點：

㈠分享感情

從人一出生開始，溝通，就成為決定與他人建立關係的最重要方法。嬰兒不會說話，但是他用哭聲來和照顧者互動，以得到生理、心理

需求的滿足。等到人長大，也要和家人、朋友、師長互動，而適時適當地表達情感，對於建立良好的家庭關係很有幫助。藉由情感的交流，可以感受到彼此的關心與愛，能夠讓家人更緊密地結合在一起，因此，藉由各種溝通的方法來傳達彼此的情感是不可缺少的。

(二)分享經驗及看法

每個人用自己獨特的內在感受、生活經驗、生活問題和生活調適方法來和別人溝通，使對方瞭解。透過溝通，我們可以瞭解到別人是怎樣看待一件事情以及如何面對問題的。我們可以從中學習到新的處理問題的方法，使彼此都獲得成長。

(三)強化及擴展視野

溝通時，我們將對方視為一個獨立、不同於自己的個體，各有各的想法、感覺、行為和對事情的看法。我用真正的自己來表達我的感受，而不是你對我的期望；同時，我把你的話當作是關於你自己的敘述，或是你對世界的看法。

對方表達時，能讓我們肯定自己的感受或提供我們一個新方法（從前沒發現的），或是讓我們知道哪些對我們沒有用。總之溝通提供我們一個擴展自己內在世界的機會。

(四)獲得所需的資料

透過溝通，我們可以瞭解有關於這個世界的許多事情；我們學習區分人和動植物、人和物品的不同，以及我們和環境的關連。

我們也透過溝通來瞭解有關於其他人的事情、以及人際關係的本質。例如：什麼是社會所認可的言行？什麼樣的行為討人喜歡、什麼樣

的行為會惹人厭？別人為什麼會有如此的反應？他們怎樣看我們、評價我們？他們對我們有什麼意圖沒有？

我們可以經由觀察別人的語言反應和非口語行為來獲得以上的資料。

 ## 溝通的內容

綜合吳就君 (1986) 和曾仕強、劉君政 (1990) 對溝通的看法，我們得知溝通包括有情感性和資訊性的內容二種：

㈠情感性內容

藉由蒐集、傳達資料，我們可以和自己喜歡的、對我們有益的、對我們有影響力的、甚至是我們不喜歡的對象，建立各種關係，來符合我們在生活、學業、娛樂、工作、情感的需求。

㈡資訊性內容

1.傳遞資料

把資料傳遞給別人，讓別人知道我們的內心想法。主要透過說明事物：陳述一些事實，引起對方的思考，進而影響對方。例如：我們如何解釋別人的行為，對別人有什麼樣的期望？什麼樣的行為可以獲得我們的喜歡？又是什麼樣的行為使我們討厭？

表達見解：表露自己的感覺、態度、主觀看法等等，使對方產生感應。

2.達到自己想要的目的

在人的一生當中，總有許許多多的希望、理想、目標想要達成，而

溝通就是幫助我們達成期望目標所需要的種種方法之一。例如：告訴父母為了要幫助功課進步，需要買……文具和……設備；說服他人與我們合作，或是提供金錢上的贊助等。

 # 溝通的層次和氣氛

溝通是同時發生在許多不同層面的；Schelfin 指出一個人在溝通時，可能同時送出七個訊息——字句、聲調、眼睛、嘴巴、右手、左手、姿勢等等。

薩提爾 (1972)、曾瑞貞 (1983) 也認為人在溝通時，介入的因素包括有：

①身體：肌肉的鬆弛與緊張，身體的移動或擺出的姿態，都透露出某種溝通的訊息。

②感覺器官：溝通時用到了所有的感覺器官，包括眼睛、耳朵、鼻子、嘴巴和皮膚，使我們能去看、聽、聞、嚐、碰觸。

③說話的能力：即所使用的語句和聲調。聾啞者，用手語來表達，也是一種能力。

④思考與記憶：包括我們的價值觀（如對自己與他人所定的各種行為標準，以及自我價值感）、從過去經驗蒐集而來對目前的期待、腦中庫存的知識、對當下訊息的接收與記憶等。這些思考與記憶會影響我們對所接收到訊息的解釋。

⑤情緒：我們的情緒會影響對訊息的解釋，個人對訊息的解釋也會影響情緒，而這兩者均會影響身體肌肉的反應。

溝通也包含了有許多不同的層次，接下來就從低層次到高層次一一介紹：

㈠事實的訊息

　　指談論的事情，是真實、具體的問題或是日常生活的經驗。這個層次是溝通層次中最低的一層，按理說應該沒有問題，因為事實就是事實。套句電視卡通名偵探柯南的一句話，那就是：「事情的真相只有一個。」

　　不過，即使在這個層面也可能產生問題；可能是對方表達地太快了，來不及聽「懂」；或是兩個人對於同一件事情，有著不同的經驗，因此產生的想法與感受也有所不同。例如：談到大海，小華想到的是天氣晴朗、和父母在海灘上玩耍的快樂情形；而小強所想到的是父親在風雨交加的惡劣天氣裡，還要與海浪搏鬥的情形。因此，儘管小強相信小華所說的那個人稱度假勝地的島嶼是多麼地美麗、多麼地棒，他仍然無法排除心中對大海的恐懼。

㈡表達關係的訊息

第二個層次是指溝通時所用的字詞、聲調和態度等，除了表達事實的訊息之外，也可以顯示出雙方關係的疏密。例如：對陌生人，我們可能會握握手，客套幾句；但是對於熟識的人，我們可能會有較多的肢體動作（例如擁抱、打鬧），或是說話時語氣不那麼客套或生疏等等。

㈢語文和非語文的雙重訊息

第三個層次指溝通時語文和非語文所傳達的訊息不一致，因此所傳達的不只是一個訊息，而是雙重訊息。例如：阿鴻明明是一副垂頭喪氣的樣子，還死鴨子嘴硬地說他現在覺得很快樂。或者，一個母親說她很想去傾聽孩子的心聲，拉近彼此的距離；可是當孩子開始開口要告訴母親有關他的感覺時，她就打斷他的話，並且嘮叨這、嘮叨那的，使得孩子不知道該怎麼辦？又或者，父親嘴裡說：「你自己做決定就好了，不用問我」，可是聲音卻是生氣的，使子女不知道到底可不可以自己做決定？

然而問題的嚴重性就在於，有時候我們完全不知道自己傳遞出了雙重訊息。

㈣氣氛訊息

第四層次的溝通是一種由空氣現象所呈現的訊息，不需要靠說話或身體動作來傳達，是一種訊息中的訊息。例如，我們走進一間病房之後，馬上感受到一股沈重、悲傷的氣息，這是在進來以前所沒有的。

氣氛傳遞著發訊者的態度、感覺、意向。人類特別能夠運用氣氛溝通，例如皺眉、微笑、僵硬、呆滯、意志消沈的樣子，因為情境本身就

是一種溝通的方式。也就是說，訊息傳遞時的情境（氣氛）可以協助我們更瞭解訊息所代表的意義。

㈤外顯—隱含的訊息

第五個層次也是雙重訊息的一種，指雖然當事人所說的話和他的表情、身體動作所呈現的訊息是一致的，但是其中卻隱含著另一種訊息。例如：孩子一進門就看見父母又在大聲吵架了，可是他卻好像沒有看見似的，一如往常地脫下外套、鞋襪，走回自己的房間。看起來好像孩子一點也不關心父母的狀況，其實孩子正表達出一種無言的抗議與無奈。

這種外顯—隱含的訊息特別不易被人察覺，因為它並不像外表所看到的那麼單純，需要我們多用點心才能發覺它真正的意涵。

你是否一直到現在才知道，原來「溝通」有這麼多不同的層次，有沒有意識到自己以前和別人溝通時，都是用哪一層次的溝通呢？

 # 家庭中常見的溝通模式

人們常說人生如戲，或說人生就是一場戲。這樣說來，家庭就是我們每一個人生命過程中一個非常重要的舞臺。現在，讓我們試著把家庭想像成一個舞臺。然後，你看到舞臺上正上演著什麼樣的劇情？

我們每一個人都在家庭這個舞臺中進進出出、忙碌地穿梭著，和家人演出一齣齣溝通的戲，這些並沒有導演、沒有劇本，但是卻天天在你的周圍上演的生活劇。這些戲劇從小到大不停地上演著，因此很容易形成固定的模式，扮演相同的角色，不曾想過要去改變，使得生活變得刻板、沒有彈性，並且使自己認為這輩子就是這樣子了。

◆ 一 溝通的類型

每一個溝通的歷程都包含了「自我」、「他人」和「情境」三大要素。薩提爾 (1972) 觀察到人們溝通時，會有幾個固定的型態，尤其是面對威脅或是壓力時，為了保護自己的自尊而採取的四種不太理想的方式，以及一種最直接和最真誠的良好溝通方式。

(一)討好型

當我們討好時，不顧自我價值的感受，把自己的權力交給別人，或者是來者不拒。如圖 7-2 所示，一個討好的人，在與人的互動之中尊重情境和他人，卻不尊重自己真正的感受。他的內在缺乏自我價值，因此，總是懦弱、沒有主見的、自我貶抑的姿態，用一種乞討或逢迎的方式，戴上面具試著取悅他人或是向人道歉，以防別人生氣。不管任何事情，他的回答永遠都是 "Yes"。在此時，「自我」不重要，被否定了。

圖 7-2

討好型的人有幾項特徵：

①即使心裡不舒服，還是咬緊牙關、堆滿笑臉、說著令人信服的謊言。

②忙著挽救任何麻煩；只要有人略顯愁容，就用盡一切力量去減輕麻煩來討好那個人，好像人生的目的就是解決他們的問題似的。

③甚至，堅持背負所有的責任。總是說：「對不起，都是我的錯，我不是故意的。」

㈡指責型

指責型和討好型剛好相反。當我們指責時，常被看作是懷有敵意、專制、苛責或暴力的，處處表現得很優越，一有機會就拒絕任何要求或反對任何提議，因此總是說 "No"。如圖 7-3 所示，指責型的人為了保護自己，蹂躪、譴責他人或環境，忽略他人，只顧全自我和情境。其實他的內在充滿了寂寞和不安的感覺、缺乏成就感，因此總是一副凡事批評的姿態，來凸顯自己是個強者，希望別人聽命於他。

圖 7-3

指責型的人有幾項特點：
①經常切斷和他人親密的連結。常覺得自己很孤單，卻又不承認自己的脆弱，只在獨處時暗自哭泣，並且認為「要不是因為其他人，我可以活得很好的」。
②較極端的例子就是表現出毆打、性暴力或其他型式的攻擊。

㈢電腦型

電腦型，也稱為「超理智型」，特別看重情境，說話都是數據和邏輯層次上的道理和解釋分析。此種人的溝通模式就是只注意情境，而忽略

了自己和他人，如圖 7-4 所示。其實，電腦型的人內心是脆弱、容易受傷的，所以用冷靜的姿態來避免感情的涉入。

圖 7-4

電腦型的特徵是：

①總是認為自己非常地「對」，非常地「有道理」，用一些複雜的專門術語、非常冗長地描述一件事情，使得別人聽了一段之後就不想再繼續聽下去了。

②毫無人性地客觀。不允許自己或別人注意感受，認為成熟就是不受動搖、目不斜視、授受不親、沒有七情六慾等等。因此，總是將對方所說的主詞改成受詞以避免人性的責任或涉及人性。例如，將「我覺得今天好冷喔。」改成「是的，今天天氣真冷。」將對感受的注意力轉移到情境上了。

③當我們超理智時，別人對我們的看法是嚴格、堅持原則、沈悶或是具有強迫性的。我們從人群中退縮，而且為孤單所苦。

㈣打岔型

打岔型，也稱為「紊亂型」，是電腦型的反面，他不像超理智般的安靜而不變，而是不斷地移動，企圖在討論問題時分散他人的注意力。在與人互動時，打岔型的人對自我、他人和情境都不在意，如圖 7-5 所示。但是他們的內心是迷惘的，因為覺得無處容身、沒有人在乎自己的存在，因此根本不把焦點放在任何人、事、物上，忽視問題或壓力的存

圖 7-5

在，以免受傷。

　　打岔型的特點：就是會讓人覺得他所說的或所做的都反應不到重點，可是他們的存在卻又往往是令人愉快的，因為他們可以打破任何絕望的心境。這類型的人就像是我們所說的小丑、開心果、甘草人物等等。

(五)一致型

　　一致型的人所發出的訊息每一部份都朝著同一個方向走，所說的話和臉上的表情、身體姿勢、聲調都符合一致。其內在擁有自我價值感，能夠接納自己的感受，令雙方都感到舒服、自由且誠實，極少威脅彼此的自尊。因此能與人建立真誠接觸、信任的關係，知道自己的所作所為，也願意承擔行為的後果。對一致型的人來說，自我、他人和情境都是同等重要的，如圖 7-6 所示，而且可以在自我價值、他人價值和現實環境之間取得協調和平衡。

圖 7-6

一致型的特徵如下：

①欣賞自己的獨特性。

②人性的主張、面對改變時的彈性與開放。

③願意冒險、允許脆弱、信任自己與他人。

④善用自己的內、外在資源。

⑤擁有完成自己和接納別人的自由。

⑥愛自己、也愛別人，開放自己建立親密感。

我們選擇一致性溝通意味著我們選擇作我們自己、願意與別人接觸建立關係、以及直接與別人連結，但這並不表示一致型的人是完美無瑕、沒有任何問題、而且時時快樂的，他也會遭遇困難，但是他會用積極正向的方式去面對。

最後，我們就用<u>薩提爾</u>所舉的一個例子來說明上述五種溝通型態。假設我撞到了你，可能有的反應將分別如下：

①討好型（臉朝下，不敢看你，雙手扭緊，很緊張的樣子）：「對不起！對不起！我笨手笨腳的，真是一個老粗，撞到了你，請你原諒我。」

②指責型：「是誰啊！走路不長眼睛讓我撞到，下次看清楚再走好不好，真是的！」

③電腦型：「我想提出道歉，剛剛走路的時候，我不是故意要撞到你的，如果有什麼損傷的話，請和我的律師聯絡。」

④打岔型：「啊！我好像撞到了什麼東西！是誰啊！在哪裡？在哪裡？」

⑤一致型：「啊！我撞到你了，真是對不起，有沒有傷到哪裡呢？」

 ## 不良的溝通

另外，家庭中常見的不良溝通包括有：

1.溝通陷於是非對錯之爭

溝通時若不能就事論事的話，常會將注意力放在誰對誰錯，使得溝通者不能心平氣和地交換訊息，對彼此造成傷害。我們最常聽見的話就是：「我這樣做難道錯了嗎？」、「我又沒有錯」等。其實，重要的是溝通的目的，所以我們焦點應該放在「現在該怎麼辦？」，而不是誰對誰錯。

2.錯誤的傳達方式

有時候我們只注意溝通的內容，而忽略了表達的方式。其實，「如何說」比「說什麼」來得重要得多了。想想，一個人用很真誠的語氣與謙卑的姿勢向你說「對不起」，和面露不悅、口氣不甘願地說「對不起」，你會接受哪一個？哪一個會得到諒解？

3.虛偽的溝通

有時候溝通只有表面語意的交換，不包括內在真正想法和感受。這種溝通能維持家庭氣氛和諧的假象，不會有表面的衝突，但是，這種隱含的衝突對家人的關係更具危險性，因為它總有一天會爆發，而且到不可收拾的地步。例如，明明對對方有些不滿意或是受不了，可是卻不願說出來，假裝很喜歡的樣子，最後，突然有一天你終於受不了這樣一直委屈自己，來了個大轉變，結果，對方一下子不能接受，反而認為你在無理取鬧。問題非但沒有解決，反而更加惡化了。

4.雙重束縛式的溝通

「雙重束縛」是指發出的訊息同時含有兩個互相矛盾的指令，使得接收者無所適從。如果順從訊息，則自己可能成為犧牲者，如果不順從，就變成罪魁禍首，或造成另一種犧牲。例如，父親說：「如果你再和那些人來往，就永遠不要回來了」。孩子如果繼續和朋友交往，則和父

親的關係將因此決裂；可是如果聽父親的話，又會失去他的朋友。不管你選哪一個，都是輸家。

5.間接溝通

有時候家人為了怕衝突，常叫第三者做中間的橋樑。可是，這樣並沒有真正解決問題，有時反而會因為第三者沒有把訊息傳達好而產生更大的問題。

另外有一種間接溝通是不願直接表達意思，用曖昧、暗示、影射、保留的方式來發送訊息，並且認為對方應該懂得他的意思。可是，有時候我們自己去推測別人的想法往往會產生誤會，增加困擾。例如：太太有一天心血來潮地約丈夫看電影，丈夫說：「我今天很累」。結果太太就猜說「他討厭和我一起看電影」、「他又在拒絕我」、「他是不是有外遇了」、「他不再愛我了」等等。可是丈夫所想的是「她應該知道我今天沒心情看電影」、「她應該知道我今天上班很辛苦，沒有精神再陪她看電影了」。夫妻之間如果長期用間接的方式溝通，則兩個人的情緒會經常處於不良的狀態，而使情感漸漸疏遠。

三 具殺傷力的溝通方式

彭懷真 (1996) 曾歸納出十四種具有殺傷力的溝通方式：

①命令式：「我已經告訴你多少次了，你還不快去做！」說的人是在強調事情的重要性與急迫性，但是因為言談中表現了生氣、怨恨、催促，對方聽了一定很不舒服，即使勉強去做，臉色也一定很難看。

②以偏概全式：「你怎麼每次都這樣，……」、「你為什麼從來沒有……」，這種過分誇大的說法常使人難以接受。

③指名帶姓式：「王××，你給我記住！」、「張××，你給我小心一點！」用連名帶姓地稱呼人，會有一種刻意疏離的感覺。

④侮辱式：「你是豬啊？那麼笨！」、「你是白癡啊？連這個都不會！」、「你豬頭啊！」這些說法不僅是對人的一種侮辱，更是一種傷害。

⑤抗拒提醒式：「多謝你的雞婆，我早就知道了，用不著你囉唆！」這種話一出口，就澆熄了對方的熱情，不願意再溝通了。

⑥事後聰明式：「我早就說嘛！這樣做是行不通的，你就不聽，現在知道後悔了吧！」這種放馬後砲的行為，對溝通是沒有什麼幫助的。

⑦警告式：「我警告你喔！如果你再……，我就……，到時候看你怎麼辦！」這種下最後通牒的方式，也許很有效，但是殺傷力太強了。

⑧指桑罵槐式：「本來好好的，怎麼你一來就出事情了呢？」或是眼睛直直看著對方，並說「我想我一定是招惹到誰了，才會這麼倒楣！」這種溝通既遷怒又諷刺，讓人聽了是既生氣，又因對方不明說而暗箭傷人感到憤怒。

⑨毀滅性的幽默：「豬腦並不可恥，可恥的是人頭豬腦。」近年來社會上流行刻薄惡毒的比喻，當成笑話聽是不錯，但是如果用在指某一個人的話，就顯得有點過分了。

⑩責問式：「你給我從實招來，你整個晚上到底死到哪裡去了？」、「你到底要不要說，你再不說的話，我就……」這種苦苦相逼的方式，被逼問那一方心中的不爽是可想而知的。

⑪批評論斷式：「你從一開始就錯了。」、「你根本就不應該做那件事，要不是你，我們早就……」其實，事情已經發生了，錯誤已經造成了，要努力的是如何收拾善後，而不是更多的批評指責。

⑫吹牛保證式：「這種事情我見多了，根本一點也不難，你有什麼好緊張的？」、「你放心好了，一定沒有問題的。」講的人信心滿滿，可是對聽的人來說並沒有得到什麼具體、實際的幫助。

⑬過度推論式：「你到底有沒有在聽啊？我就知道你的心裡根本就

沒有我。」、「你太過分了，根本就不把我放在眼裡，你還有沒有當我是你老爸？」過分推論的說法抹煞了其他好的部份，使聽者感到冤枉與傷心。

⑭推卸責任式：「這種事情你最會了，就交給你吧！」、「這是你的責任，跟我一點關係也沒有。」把所有事情都推給對方，這種不負責任的說法當然讓人聽了心理不舒服。

 ## 四 不良溝通的通病

綜合以上這些不良的溝通，我們可以發現它們有一些共通點：

①造成一方「尊」一方「卑」，或是一方「高」一方「低」的情形。

②把溝通的焦點模糊了，沒有就事論事。

③施加壓力給對方，使溝通變得緊張。

④讓對方覺得你一點都不瞭解他，或是根本無意去瞭解。

⑤停止了進一步的分享，使溝通中斷。

⑥沒有誠意，不想溝通。

這些都是我們常犯的錯誤，我們應該更加留心我們在與人溝通的同時是不是也犯了這些錯誤。

第二節 和諧的家庭溝通技巧

現在，我們都瞭解了溝通的重要性、家庭中常見的溝通模式，以及不良的溝通情形，接下來我們將要一起看看和諧的家庭溝通需要使用到哪些技巧。

傾聽和表達

在溝通時,「傾聽」比「說」更重要,但是一般人往往忽略傾聽的部份,結果造成人際之間的誤解和疏離,對家庭成員間的關係有很大的傷害。因為傾聽是一個各種感覺和理性都投入的訊息交換過程,它不只是用耳朵去聽而已,是用「心」去聽。因此,我們的身體、感覺器官、語言傳達器官、思考和情緒等都會有所反應,而不只是用說的方式表達出來而已。而有效的傾聽可以經由訓練來學習:

1.用身體語言來傳達對溝通對象的注意

每個人都希望自己在說話的時候有人願意聽,所以我們可以運用目光、眼神、表情、身體姿勢來傳達我們的注意,讓對方知道我們有在用心傾聽他所傳達的訊息,使他覺得被重視。例如:專注地看著對方,眼睛不亂飄,身體往前傾等等。但是,其實不論身體語言如何,仍要出自內心的真誠,因為對方一定能感受得到。

2.用心去瞭解對方傳遞出來的訊息

除了表達出自己願意傾聽的意願之外,也要用心去體會對方所表達的意思,並且試著從對方的立場來思考,才能完成有意義的溝通。

3.敏於察覺自己內在的訊息

當我們看到對方的那一剎那,溝通就已經開始。對方的外在形象進入我們的腦海之後,我們便有了一些想法和情緒。我們可能會覺得:「這個人看起來好兇的樣子」、「這個人看起來好美、好像很有親和力的樣子」……等。這些內在訊息會引起不同的情緒反應,如害怕、厭惡、舒服等。

這些想法與情緒都會干擾我們對訊息的解釋與反應，所以當我們在傾聽時，必須要能夠察覺自己目前的內在訊息，才不會造成誤解。

4.傳達訊息的能力

在我們能正確地瞭解對方所傳達的訊息以及自己的內在訊息之後，我們還要能夠清楚、明確地把自己的意思傳達出來讓對方瞭解，這樣才算完成了溝通。因此表達和傾聽一樣重要，沒有好的傾聽則無法正確地瞭解對方的意思；沒有好的表達，則即使有好的傾聽也沒有用，因為缺乏這臨門的一腳就無法使對方瞭解我們真正的想法。

尊重的寬容

每個人都希望受到他人的尊重，即便是自己做錯事情或是說錯話，也希望能夠得到寬恕與原諒。因此，溝通的第二個技巧就是要學會給對方尊重的寬容。

華理斯 (Wallace, 1987) 曾在其所著的家庭溝通一書中列出許多原則，包括了以下幾個重點：

1.重要的，就強調；不重要的，就忽略

這個原則聽起來好像沒什麼，彷彿是最基本的，應該很容易就能做到，我們卻常常會一不小心就把它給忘了。但是，違反了這個原則卻會破壞人與人之間的關係，因為這樣就好像是你在挑我的毛病，而不重視我的感覺和要求了。

久而久之，別人也會對你「還以顏色」。而且，等到有一天你真心要提出重要的批評時，別人就不會聽了，這就有點像「狼來了」故事的道理。它最嚴重的後果就是會影響孩子的自我觀念，因為這樣會使他氣餒、沒信心，覺得自己什麼事都做不好。

總之，人不是十全十美的。不需要因為一些瑣碎的事情而破壞彼此的感情，但是遇到真正重要的事情時也不要怕作建設性的批評。

2.以言語表達來驗證你的每一個假設

我們常常會自以為是地「假設」對方也是這麼想，或是贊同我們的作法，所以可以不必和他商量。但是這種行為常會使對方感到惱怒、生氣（即使他原本同意你的作法），因為這會讓對方覺得不受尊重。

舉例來說：小梅的房間裡有一個大紙箱，裡面放的都是她小時候的玩具、故事書等，使她的房間看起來很凌亂，雖然母親經常嘮叨這件事，可是小梅一直沒有去動它。有一天，小梅回家的時候發現紙箱不見了，被母親把它和當天的垃圾一起丟掉。小梅非常生氣，和母親大吵了一架，母親不斷地說：「我以為那些東西你不要了。」小梅則一直說母親不尊重她。

事實上，母親是為了小梅房間的清潔著想，並無惡意。但是她可以在扔掉紙箱之前提出警告說：「如果你下禮拜一之前再不把房間收乾淨，我就要把那個紙箱丟掉。」這才是公平的作法，讓小梅知道不收拾房間的後果是什麼。

3.承認每一件事都可以有多方面的看法

有些父母在孩子不同意他們的想法時，就說孩子是在「頂嘴」或是頂撞大人，他們只會責備孩子，而不是和他們就不同的意見來討論。他們常用的臺詞就是：「你怎麼可以這麼說？你也不想想……，我希望你以後不要再那麼說。」

當然，孩子在表達不同看法的時候，要用尊敬的態度和適當的語調；而父母也要尊重孩子，讓他們能夠把自己的意見和感覺表達出來。

4.要委婉、體貼而有禮地尊重對方和自己的感受

所謂的「委婉」是一種以坦承開放的態度對待人，同時也尊重他人

的感受，不作無謂的傷害。委婉不是虛偽和壓抑感情，而是誠懇與信賴。

舉例來說：一位母親注意到孩子沒有收拾好房間就跑出去和其他的小朋友玩，就大吼著說：「小真，你馬上給我滾回來！你看看你的房間，弄得那麼髒，快回來給我整理乾淨！」她沒有想到：剛才的言詞粗暴、當著其他小朋友的面污辱了女兒、小真充滿憤怒地回來、女兒也學到如此粗魯地罵人。所得到的反而是反效果。

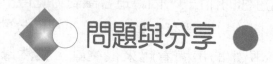

問題與分享

家庭是以愛組成的關係，好的溝通技巧是要維持此種關係，並且要能夠挖掘出問題之所在，經由分享、討論之後，找出適當的方法，共同努力來解決問題。

1.不要讓好言的討論變成惡言的爭吵

「討論」的意思是一種相互溝通的過程，交換彼此的意見和感覺，達到相互瞭解或解決問題的目的。而我們要注意的是，避免讓原先美好的原意變成惡意的中傷或是批評，阻擋了二人之間溝通的橋樑，就失去了它原本的意義。

例如：父母親發現子女在用完東西之後，忘了放回原位，或是忘了清洗，會想要提醒兒女記得要完成它們，但是這些提醒卻往往因為說話的口氣，或是遣詞用字上不恰當，而變成辱罵，不僅無法達成原有的目的，反而激起子女反抗的心理，更不願照父母的指示去作。使得好意的提醒，演變成惡劣的吵架了。

2.坦承地面對自己的感受；只要是有意義的問題就提出來，不要怕煩擾了對方

我們從小到大所接受的教育，以及中國人文化的特性，總是不輕易

表現出自己的想法與感覺。使得我們對於真實地面對自己的感受和將它表達出來感到不自在，因此也失去了許多和他人分享、讓別人瞭解自己的機會。所以我們要學著將我們所感受到的問題，用適當的方式表達出來，使大家可以透過分享的方式有機會更瞭解彼此、減少誤會的產生，對問題的解決才真正有幫助。

3.不要說教或訓話；最好用發問的方式

沒有人喜歡或願意聽到別人對自己說教或是訓話，因為那有受貶低的意味，會危害到我們的自尊。因此，最好的方式是用溫和、表示關心的詢問口氣，幫助自己瞭解對方的意思或是幫助對方意識到有問題的地方，而能夠心平氣和地來處理問題。

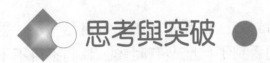

思考與突破

經過了問題的「分享」與「討論」之後，接下來所要作的就是「思考」，思考如何突破現在的困境，改善目前的狀況。我們需要仔細思考，⑴究竟問題是出在哪裡，哪裡不對勁。再想想看⑵有什麼樣的辦法可以幫助我們解決這樣的問題，這時，我們可以多去尋找可用的資源，例如市面上、圖書館中有些關於溝通的書籍、雜誌，或是一些諮詢的機構，例如張老師、生命線、或是一些協談中心等，主動尋求專業人士的幫助。當然，學校中的輔導中心是最方便的求助地方。

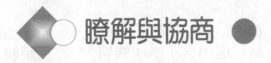

瞭解與協商

在思索出一些解決或是有助於溝通的方法之後，更重要的是要去做。而首先，我們要瞭解自己可以用什麼樣的方法、對方可以接受什麼

樣的方式，再進一步地和對方協調，商量出兩方都可接受的方法來改善彼此之間不良的溝通情形。

1.接受一切感覺並試著去瞭解；不要接受一切行為，但也要試著去瞭解

要先對彼此有一些瞭解，才有可能進行協商；因為如果不是這樣，協商的內容將沒有交集，更不用說解決問題了。也許我們無法接受對方所有的行為，但是我們要試著去瞭解，他為什麼會出現這樣的行為？是什麼樣的因素引發他有這些動作出現？我們必須要有一顆開放的心，真正願意去瞭解，才能看見真相。

2.承認家人對你觀察入微

不只是要去看對方，也要回過頭來看自己。為什麼家人會對我們有這樣的反應？他們看到了什麼？有時候，我們不得不承認，家人對我們的瞭解可能遠超過我們對自己的瞭解。虛心接受他人的忠告，才能看清事實的真相。

學會了上述的溝通技巧之後，相信你再與人溝通時，將會有不同的效果。但是光有技巧是不夠的，因為重要的是真誠。如果你是真心要與人溝通，對方一定能感受得到，加上和諧的溝通技巧，就會事半功倍了！

溝通不只是說話，還包含了看（觀察）、聽（傾聽）、問（澄清）和說（表達），是建立、維持、發展良好關係最重要的事情。溝通的重點在於用心想、用心看、用心聽、清楚問、慢慢說，以溫柔的心善待家人。

問題與討論

1. 你覺得你的家庭溝通氣氛好嗎？你讀了這一章，有沒有學會一些改善溝通的方法？
2. 你比較常用哪一種溝通的類型，你如何以「一致型」去和家人相處？
3. 溝通需要用心，你如何以誠懇的態度去關心你的家人？

第八章

chapter eight

家庭危機與幸福家庭

學習目標：

1. 家庭固然可能是甜蜜窩，也可能因暴力而危機重重，介紹有關家庭暴力的法令及政策。

2. 說明少年犯罪、藥物濫用、高齡化社會對家庭的影響。

第 一 節　家庭危機的應變

 家庭暴力及處理 ●

我們常聽到人說：「家是溫暖的避風港、可以為我們遮風擋雨」，「金窩銀窩都比不上自己的狗窩」，幸福的家庭是人人所渴求，所追尋的。但是，家是不是真的如我們所願，是一個可以卸下防衛的面具、去除人際之間的爾虞我詐、回復真實的自我的地方呢？為什麼婚姻暴力、兒童虐待、亂倫、逆倫弒親的事件卻不時出現呢？家庭暴力不是一件家務事，它是應該被關心、重視的社會問題。

■ 一　家庭暴力的問題現況

㈠家庭暴力的定義

家庭暴力這個名詞你可能聽過，但到底什麼是家庭暴力呢？要怎麼說才能讓人聽的懂呢？我們先來聽聽美國對家庭暴力的解釋。根據美國華盛頓特區婦女虐待預防方案，家庭暴力或家庭虐待的定義是：虐待性或暴力性行為發生在已婚或同居者，暴力行為包含推、擠、鞭打、打巴掌、掐、刺傷、被迫性行為或用武力威脅去控制另外一個人，其可能造成身心受傷，甚至死亡（周月清，1995）。

我國在民國八十七年立法通過的「家庭暴力防治法」中，明訂家庭暴力罪，「為家庭成員間故意實施家庭暴力行為而成立其他法律所規定

之犯罪」。

　　由此可以瞭解，家庭暴力就是指發生在家庭成員之間，除了婚姻暴力，還包括父母對子女的兒童虐待、兄弟之間的手足虐待、對家中長者的老人虐待等的暴力、虐待行為，使對方在生理或心理上遭受傷害。

㈡家庭暴力的類型

　　如果以暴力的形式來區分，家庭暴力的行為可包括身體虐待、情感或心理虐待、性虐待或亂倫，以及疏忽（彭淑華，1998）。「在家庭暴力防治法」第二條中，暴力行為是指家庭成員間實施身體或精神上不法侵害之行為。主要包括身體毆打、性暴力、破壞東西或寵物、精神虐待、情緒虐待等（周月清，1995）。我們將這些整理為：

1.身體毆打或虐待

　　身體上的毆打包括暴力者對受害者身體各部位的種種攻擊行為，例如推、抓、踢、戳、壓、燒、潑水、射擊等行為。電視上常出現的被打耳光是很嚴重的，如果受害者以為這不嚴重，有可能會被誤認毆打是被允許的行為，或成為繼續施暴的藉口。

2.精神虐待

　　這是以精神上的虐待為手段，不直接攻擊身體，包括以言語刺激對方，例如一直侮辱對方是沒有用的、沒價值的、很差勁的：「如果不是我，怎麼會有人要你！」、「怎麼這麼笨，你就是只能待在家裡而已！」像這樣讓受虐者感到自尊心被踐踏，長期下來，一個原本很有自信的人也可能判若兩人，人格被扭曲。或者以言語恐嚇對方或其家人的安全或控制對方的行動、威脅對方做他不願意做的事等等，讓受害人生活在恐懼之中。

3.性暴力

這個包括攻擊受害人的生殖器官、用武力或脅迫的手段逼迫受害人進行性活動,或做一些受害人不願做的性姿勢等。

4.亂　倫

逾越親情倫常範圍內發生的性行為,這樣的行為發生在家庭中,大多是親生父母親或繼父母對子女做猥褻性動作、性活動,致使子女產生生理、心理上的傷害,可能導致性觀念的偏差,及人格成長上的扭曲。

5.破壞東西或寵物

將受害者喜歡的東西或寵物搗毀、丟掉,卻說是受害者自己引起的。例如在爭吵之後,打破受害者心愛的家具,卻說是因為受害者惹人生氣或動手,所以這是受害人自作自受。

6.情緒虐待

以上的虐待都會伴隨著情緒虐待,而情緒虐待又稱精神虐待,包括言語傷害、隔絕其和外在的接觸、脅迫其做不想做的事、控制其行動、干擾其生活作息等,都會影響受害者的自尊,使人的創傷更長遠。

(三)問題現況

1.兒童、少年虐待

根據內政部的統計:民國八十三年兒童、少年的保護案件有 2528 件,八十四年時增加到 3045 件,至民國八十七年時增加為 4871 件,在四年內增加了近九成之多。其中最多為虐待案件,佔四成,施虐者為親生父母佔八成最多,依次為照顧者,佔 3%。這些案件是有報案的,沒有報

案或沒被發現的還不計其數。另外，疏忽的案例更是虐待的好多倍，令人痛心。

2.配偶虐待

家庭暴力不是家庭內的事，它是社會問題，也是全國問題，聯合國在 1992 年聲稱毆打婦女的行為是一種侵犯人權的行為（現代婦女基金會，1999）。省社會處在 1991 年、1994 年進行臺灣省婦女生活狀況調查報告，婦女表示曾被丈夫施暴的比例分別是 12.5% 及 17.8%，顯示婚育婦女受暴比率有逐年增加的現象（王麗容，1995）。而根據官方統

計資料和民間相關婦女福利團體，現所提供受虐受暴婦女人數，最保守估計，國內每年經報警或至相關單位求助的受虐受暴婦女至少有 6000～7000 件，而且這是保守的估計。

3.老人虐待與疏忽

對老人虐待和疏忽的保護和處置是在民國八十六年時新修訂的「老人福利法」中明文規定，現在還欠缺系統的人數統計。以臺北市為例，民國八十五年成立老人保護專線，半年內接獲 94 件申訴案件，其中歸保護案並已開案者有 40 件（彭淑華，1998）。在今天雙薪家庭日益增多的情形下，子女無暇照顧父母，老人疏忽的問題值得被重視。

若再加上被親人所虐待的兒童、青少年、老人等，發生在家庭中的暴力是不容忽視的一個現象。

 ## 家庭暴力的發生原因

探討家庭暴力的原因必須注意到心理、社會學習等因素，更需從整個系統加以注意：

(一)心理因素

這就是指個人本身的心理因素，如施虐者本身的人格偏差，有虐待

狂、沒有安全感，必須藉由暴力才能證明自己的價值。

(二)社會學習論

　　這就是說，暴力是被社會所允許，認為丈夫用「武力」管教妻子是理所當然的，孩子是父母所生、是父母的財產，不打不成器的觀念，加強了施暴者合理自己行為的理由，這就是社會化的學習。

(三)系統的觀點

　　這是認為暴力的發生是來自於個人、家庭、社會因素所共同影響。有可能是這個家庭的權力結構、對性別的認知。家庭裡的上一代若是習慣用暴力解決問題，孩子長大以後也可能學習到這種方法。此外，社會對於使用暴力的觀念、大眾傳播對暴力的報導等，這些因素交互影響一個人是否會使用暴力來解決問題。

 # 因應的方式

(一)配偶虐待的因應方式

1.事前的準備

　　①請教有關機關，如何處理危機狀況。
　　②將重要證件、印章、身份證、戶口名簿、現金、財物證明、保險
　　　證等集中保管，以便隨時帶走（現代婦女基金會，1999）。

2.當暴力發生時（現代婦女基金會，1999）

①勿再以言語刺激對方。

②保護自己的頭、臉、胸、頸和腹部。

③大叫救命，使鄰居、親人能及時趕到。

④盡快脫逃到親友、鄰人住處或到庇護中心。

⑤報警以阻止施虐者施暴，並護送你到醫院或庇護中心。

⑥到醫院驗傷並拿驗傷單、保留有關證物。

⑦到警局備案、做筆錄、勿破壞現場。

⑧求助有關機構。

3.求助方式及管道

當事情發生的當時可求助鄰人、警方、及相關婦女福利機構，或在事後打電話或到當地社會局（科）或婦女福利機構請求協助。

㈡兒童、少年虐待的處理方式

1.判斷指標

被虐待的兒童、少年可能出現的行為症狀可以做辨認，常見以下的指標（中華兒童福利基金會，1997）：

被身體虐待者：

　・厭煩與成人有身體之接觸

　・極端憂鬱

　・攻擊、敵意、退縮

　・懼怕父母，害怕返家

　・呈現薄弱的自我概念

被疏忽者：

- 長期於上課時疲乏和無精打采
- 衣著襤褸
- 吸毒或犯罪
- 抱怨營養、教導、照顧不當

被性虐待者：

- 與同儕關係不良
- 較多犯罪行為
- 不尋常的性行為知識——早熟的誘惑行為
- 抱怨被性侵犯

被精神虐待者：

- 社會規範不良
- 生活習慣變更
- 無法控制大小便
- 性格異常
- 智能、情緒、社會發展失調
- 考慮自殺

以上這些指標出現在許多受虐的兒童、青少年身上，主要就是分成這三大類的虐待辨識指標，有些兒童、少年可能同時遭受三種虐待，也有可能是其中一、二種，從他們身上能看出好幾種現象。多半有身體虐待，同時會產生情緒虐待。所以，遭受虐待的兒童、少年的身心傷害程度很大。

2.如何因應

(1)事前的預防

學校、社區可舉辦親子互動、溝通技巧等活動，讓親子之間學習什麼是適合的溝通、管教方式，家庭與學校之間也應多做聯繫，可多瞭解孩子的狀況，同時也保護兒童、少年避免出現被虐的情況。

(2)事發時的保護

在發現兒童、少年可能有被虐待的情況時，應該向縣市政府社會局

（科）及兒少保專線 (080-422110) 通報，讓社工人員處理。

⑶事後的治療與復健

在兒童福利法裡，明訂施虐者需接受強制性親職教育，因為有時父母親或施虐者不知道什麼是適當的管教，對於自己的情緒也不能適當的控制。對於受虐的孩子和受虐者都需做生、心理方面的治療、輔導，讓家庭功能可以恢復，或者停止傷害的發生。

 # 少年犯罪與家庭對策

青少年的問題源自於家庭、惡化於學校、危害整個社會。當家庭出了問題，各種青少年問題就多了。近年來，青少年的問題引起了社會大眾的關心和重視，像是集體凌虐同伴致死、連續搶劫超商、群體互毆、逃家、逃學、中途輟學、深夜在外遊蕩、出入不良場所、組織幫派、少女自願從娼等。這些偏差行為似乎有愈來愈嚴重的傾向，令人擔憂。

 ## 一 少年犯罪的現況

我國在少年福利法和少年事件處理法中，對少年的年齡範圍界定是：12 歲以上未滿 18 歲的人，這個年齡大約就是國中、高中階段。目前少年犯罪現況如下：

㈠犯罪率

根據警政署統計，少年犯罪在十年來有逐漸升高的趨勢，民國七十八年時，少年犯罪人數佔少年人口比例是十萬分之 881.6，也就是每十萬個少年人口裡有 881.6 個少年犯罪，到了民國八十一年是最高，為十萬分之 1310.8，增加了將近五成，之後有升有降，到民國八十七年，是十萬

分之 1037.2，增加近兩成。

㈡犯罪類型

根據臺灣高等法院的統計，近十年來，少年犯罪仍以竊盜犯罪為最多，違反麻醉藥品管理條例居第二，其餘是贓物罪、賭博罪、恐嚇罪、強盜罪、傷害罪、故意殺人罪等。

㈢犯罪原因

根據臺灣地區各地方法院在「少年事件個案調查報告」的資料中，把少年犯罪成因分成：

①生理因素：包括殘廢、畸形、遺傳疾病或痼疾、性衝動、精力過剩。

②心理因素：包括個性頑劣、意志薄弱、精神病症、精力不足。

③家庭因素：包括犯罪家庭、破碎家庭、父母不睦、親子關係不正常、子女眾多、管教不嚴、貧窮難以維生。

④學校因素：包括適應不良、逃學曠課、處理不當。

⑤社會因素：包括社會環境不良、交友不慎、參加不良幫派、受不良書刊或傳播影響、失業。

⑥其他因素：包括失學、好奇心驅使、愛慕虛榮、懶惰遊蕩、外力壓迫、缺乏法律知識與其他。

從八十年到八十五年的統計裡，造成少年犯罪最多的原因是家庭因素，平均佔 42.155%，依序為其他因素，佔 25.008%、社會因素，佔 23.56%、心理因素，佔 8.208%、生理因素，佔 0.61%、學校因素，佔 0.455%（青輔會，1997）。

預防少年犯罪的家庭對策

　　家庭是我們最早社會化的場所，對於人格的發展有很大的影響，許多研究都顯示出少年犯罪的家庭因素包括家庭功能不彰、親子關係不良（如衝突、疏離、冷漠）、父母親管教方式不當（如標準不一、過於放任、嚴苛）、父母婚姻關係不和諧、欠缺完整，或父母親也有偏差行為（如酗酒、吸毒、犯罪等），及父母社經地位偏低等，這些家庭狀況使得少年容易產生偏差行為。

　　在現在變化這麼快、家庭型態多元化的時代裡，什麼樣的家庭對策可以幫助少年，可以幫助家庭一起來關心少年呢？

　　黃富源 (1997) 認為為了防治少年犯罪，必須：

①最佳的少年犯罪防治策略在於良好的家庭政策，而不在於消極的刑事司法手段。

②良好的家庭政策必須要關照到家庭的每個成員。

③完整的教育體系與適宜的教育內容則是達成健全家庭的最重要手段。

　　曾華源 (1999) 認為家庭對子女的教養上應強化：

①強化學校對家庭教養功能的支持。

②規範大眾傳播媒體對家庭教養功能的支持。

③建構社區照顧體系對家庭教養功能的支持。

④推動外展家庭教育網絡對家庭教養功能的支持。

⑤提供家庭維繫服務方案。

　　張紉 (1998) 提到：

①家庭價值的再重視。

②強化家庭社會化功能的服務內容。

　　我們歸結出以下幾點家庭對策的方向：

1.制訂有助家庭功能的法規

要使家庭的功能具體發揮，對家庭、少年有所幫助，必須要先有立法作為基礎和支持，達成國家照顧家庭、實現理想的家庭政策目標。包括對嬰幼兒的托育、保護，兒童、少年的保護發展，落實婦女就業、人身安全，老人照護、生活補助等，親職教育法、家庭暴力防治法等法規，使得家庭中的成員都能被照顧到，發揮家庭的功能。

2.加強學校與家庭的聯繫

學校必須和家庭形成一個教養體系，主動和家庭聯繫，彼此瞭解少年在校、在家的情況，才能適時的給予幫助，和提供少年所要的資訊。學校更可以利用寒暑假時做家庭訪問，更瞭解家庭情況。

3.健全社區體系

多推動社區活動，使得社區意識提高，強化社區互相照顧的功能，形成社區互助網絡，支持和補足家庭功能。

4.改善大眾傳播品質

傳播媒體的影響力無遠弗屆，現代的少年傾向追求新鮮的事物，對於傳播媒體應該有一些規範、準則，例如新聞報導在處理社會案件或殘暴的鏡頭時應該注意不得誇張、偏離了報導事件，而對暴力鏡頭、色情廣告、播出時段等，也應該規範，這樣才能支持家庭的教養功能，而不是在家庭之外就完全不一樣了。

5.強化家庭社會化功能

提供一些增強家庭社會化功能的服務方案，例如，教導父母親有效管理孩子的方法，如何處理孩子偏差行為的技巧，還有學習如何協助孩子認識自己、追求成長的目標。協助父母再認識自我，以期和孩子可以

一同成長等。

6.提供支持家庭或替代家庭的服務

以家庭為基礎的觀點，如果少年產生偏差行為，或者還沒有發生問題之前，把問題看做是家庭整體的問題，例如，一個少年產生逃家行為，可能不是單純受到同儕的影響，是不是有可能因為父母婚姻出現問題，導致無暇、無心管教，孩子回到家來還要成為父母親的裁判，評斷誰是誰非，讓孩子不願意待在家裡，而產生逃家，在外面發生問題的機會就高了。針對這樣的問題根源，各專業服務機構可以提供父母、孩子之間的服務，協助雙方能多以體諒的心情，協助彼此渡過問題，並且和學校一同瞭解孩子的問題等，這樣以整個家庭的觀點來發展服務方式才能從根本解決問題。

家庭因素對少年犯罪有很大的影響，家庭對策的探究更對於少年犯罪防治有相當的重要性。

 藥物濫用與家庭對策

 什麼是藥物濫用

㈠藥物濫用 (drug abuse) 的定義

藥物濫用是指「不是為了醫療上的需要，有意無意地繼續使用合法、非法的藥物，以改變心態，造成個人生理、心理或情緒，以及家庭、社會損害的行為」（林幸魄，1996）。梁玲郁 (1997) 提到，不以醫療疾病為目的，而且又沒有醫師所開的處方或指示，任意過量或經常使用

某種藥物，結果傷害健康且導致不良行為，影響社會安寧。

　　所以我們可以說，藥物濫用是沒有醫療上的需要、沒有醫師的指示，經常使用某種藥物，導致健康的損壞，以及心理、情緒的困擾，而影響家庭、社會的安寧。因為會影響家庭，所以特別需要討論與正視。

(二)藥物濫用的種類

　　藥物濫用種類依藥物的類型可分為（葉紅秀，1997、林信男，1997、張鴻仁，1997）：

1.中樞神經系統抑制劑

　　包括酒精、安眠藥、鎮定劑，會抑制大腦神經細胞，讓人有「麻醉」的感覺，使用者往往期待這些藥物讓他們忘掉煩惱。一旦成癮之後，想要戒斷，可能會產生痙攣或幻覺，很痛苦。

2.苯二氮平類

　　目前是醫學上最常使用的安眠鎮定劑，主要用於治療焦慮與失眠。近來常被用來犯罪的憨樂欣 (Halcion) 和 FM2 (Rohypnol)，都屬於這類。

3.中樞神經系統興奮劑

　　包括安非他命、其他合成興奮劑、尼古丁（含在菸中）、古柯鹼、大麻、及某些抑制食慾的減肥藥。這些對大腦神經細胞有刺激及興奮作用，使用者常是為了提神、熬夜、或是娛樂做為助興劑，或是因為一時好奇。服用這類藥物過量時會情緒高昂、衝動，如果中毒，可能會因血壓過高造成腦內出血，或心律不整造成休克，或高燒、痙攣而死亡。安非他命則常會引起類似精神分裂症的精神病症狀，產生幻覺、多疑、暴躁、胡思亂想，甚至殺人或自殺。成癮之後如果停止使用，容易疲倦、嗜睡、焦慮、心理上很難克服癮頭，很難戒掉，甚至會造成嚴重的情緒

低落，有自殺的傾向。

在目前青少年的藥物濫用次文化裡，有些暗語：安非他命稱為「冰塊」、「安」、「安公子」、「速必」、「鹽」，吸食安非他命則叫做「吃冰」，「吃維他命」。

4.鴉片類及化學合成止痛劑

包括天然的鴉片、嗎啡、半合成的海洛英、及合成止痛劑如速賜康等。他們對大腦神經細胞除了有抑制作用外，止痛效果不錯，一針下去有股全身清涼的感受。使用過量或中毒時，會意識迷糊、呼吸及心跳減慢、體溫降低、瞳孔縮小，可能因呼吸被抑制而終至死亡，須緊急處理。

如果成癮，停止使用 12 小時之後，就會有症狀出現，包括全身發冷、起雞皮疙瘩、冒冷汗、骨頭酸痛、肚子痛、腹瀉、流眼淚、流鼻水，痛苦不堪。

5.幻覺劑

包括 L.S.D、P.C.P（俗稱天使塵）及 MIDMA（俗稱快樂丸、或心醉神迷），兼有興奮劑和迷幻劑的雙重藥理作用。

6.吸入劑

包括強力膠、苯類、四氯化碳類、汽油、有機脂溶性化合劑等，如果使用過量均會造成中毒死亡，長期使用也會造成肝、腎、神經系統、免疫系統的傷害。心理尚可能出現反應遲鈍、個性衝動無耐心、缺乏意志力、甚至有精神症狀。

濫用這些物質時，會有茫茫然、飄飄欲仙的感覺，有時會有幻覺，一旦上癮很難戒掉。在青少年的藥物濫用次文化裡，吸食強力膠叫做「煉丹」。

藥物濫用的現況

　　一個人會藥物濫用是連續的過程，由開始使用藥物，先進展到有時、偶而使用，再發展為規則使用，然後是藥物濫用，最後成為藥物依賴，而且多數的藥物濫用者最早發生在15歲之前（簡莉盈、鄭泰安，1995）。成癮者往往在青少年階段就開始接觸這些藥物。

㈠藥物濫用的產生原因

1.藥物的因素

　　每種藥物都有它的耐藥性及生理成癮性（李孟智，1994）。會令人對它產生依賴，表示這些藥物具有某些特性，包括愉快作用、戒斷症狀、耐藥性（葉紅秀，1997、梁玲郁，1997）。

⑴愉快作用

　　不論是興奮劑、迷幻藥或抑制劑類的藥物都能使人暫時忘記痛苦、麻醉自己的感受，或者帶來很大的「愉悅」，沈醉在幻想中。使用的人因為沈迷在這種快感之中，難以自拔，而產生濫用。

⑵戒斷症狀

　　這些容易讓人依賴、成癮的藥物共同特性是：一旦沒有繼續使用，就會有戒斷症狀。在心理上很難克服癮頭，很難戒掉，生理上也會有不適的症狀。例如可能會有情緒低落、精神妄想、脾氣暴躁、幻覺、嗜睡、全身發冷、流眼淚等生、心理症狀。因為要戒斷是這麼難，就更容易使人繼續濫用下去了。

⑶耐藥性

　　耐藥性就是說為了達到原來的效果所需要的藥量愈來愈大。一個人長期使用某一種藥物時，原來藥量的效果會逐漸不能滿足，所以，必須

要加重藥量，來得到更好的效果，因此也就更難戒斷了。

2.生理因素

⑴遺傳及精神疾病

研究指出，酒癮的發生與遺傳有關，這顯示出藥物濫用含有遺傳因素的成因（李孟智，1996）。精神疾病則是說罹患精神疾病者，導致生理功能不佳，需要用藥物來抒解，導致濫用。

⑵本身生理構造

有些藥物成癮者的生理構造對藥物的需求是比較高的，所以，比較容易成癮。

3.心理因素

這些濫用者人格結構中的本我部份較弱，缺乏處理痛苦、感情的能力（李孟智，1996）。藥物濫用者通常具有下列六項人格特質（李景美、林秀霞，1996）：

①難以處理挫折、焦慮和沮喪。
②迫切需要立即滿足欲望。
③難以與他人建立關係。
④低自尊。
⑤衝動、冒險、較不關心健康。
⑥抗拒權威。

藥物濫用者用藥物來滿足心理缺憾，因為在面對壓力、和控制情緒上不能做得很好，產生挫折，而且不是一下子可以改善。所以，用藥物得到暫時的快樂，讓心理抒解。

4.家庭因素

這是本章最關切的部份。我們關切：是什麼樣的家庭結構、功能、互動會促使某些人容易吸食藥物，甚至藥物成癮，而家人中有人藥物成

癮也會衝擊全家。

(1)管教方式

許多研究都證實父母管教不當與青少年藥物濫用有相關，像是管教過嚴、放縱、溺愛或漠不關心（楊士隆、馬傳鎮，1997；李景美、林秀霞，1996）。還有管教不一致都是青少年藥物濫用的產生因子（程玲玲，1997；李景美、林秀霞，1996）。

(2)家人偏差行為

家族之中有藥物濫用史的人，家中其他成員使用藥物的機率也較高（李孟智，1996；楊士隆、馬傳鎮，1997）。家人如果有其他偏差行為，也可能使得藥物使用的機會高。

(3)互動方式

親子關係不良（李孟智，1996），及缺乏父母關愛、受到輕視（楊士隆、馬傳鎮，1997）都是青少年用藥的原因之一。親子之間溝通不清楚，父母以打罵的方式表示自己的意思，孩子用反抗、厭惡的態度回應，造成雙方都不瞭解彼此原來的意思，這樣的互動方式使孩子更容易嗑藥，並使親子之間距離加大。

(4)家庭氣氛

家庭關係、家庭氣氛差是青少年藥物濫用因素之一（李景美、林秀霞，1996）。包括父母感情不睦，婚姻關係不和諧，或手足之間的相處不融洽，可能在家中就常有一種不輕鬆、壓迫、沈重或緊張等感受，待在家中會有窒息、厭煩、想逃開等，這樣不和諧的家庭氣氛容易導致偏差行為的產生。

5.學校因素

(1)課　業

學業成就愈高的學生，其用藥行為愈少。李景美等人 (1993) 調查九所少年收容機構發現：學業成就較低的青少年是藥物濫用的高危險群（李景美、林秀霞，1996）。經常蹺課、學習情況中斷的學生的用藥機率

比不蹺課、不輟學的學生來得高。

(2)適應狀況

這可以由學生喜不喜歡到校上課、和同學相處情況是不是良好、喜不喜歡老師的管教、教課情形、老師喜不喜歡自己等來瞭解。研究發現：學校適應愈低的學生，用藥機會愈高（簡莉盈、鄭泰安，1995）。

6.社會因素

(1)社會環境

所居住的環境如果是犯罪率高、藥品氾濫的地區，接觸到藥物的機率也就高。社會傳播媒體發達，使得藥物資訊流通快，加速使用的機會。或經常出入電玩店、不當場所，都增加接觸藥物的機會。

(2)同儕影響

高金桂 (1984) 的研究指出：同輩團體在少年藥物濫用行為中扮演吃重的角色，包括提供初次使用的藥物，提供藥物來源、提供使用方法（楊士隆、馬傳鎮，1997）。青少年用藥的動機主要有好奇、朋友誘惑、不好意思拒絕，而嘗試去用。同儕對少年的影響力一直是很大，這是一項重要的因素。

藥物濫用的原因相當多，一個人會用藥、甚至濫用的原因通常不只一種，且彼此之間是交互影響的。要瞭解一個人為什麼會用藥，不能只看他是不是受了朋友影響，也要注意他為何受朋友影響，更重要的是注意到家庭的情況。

 藥物濫用的家庭對策

藥物濫用的成因不只是一個單純的原因所造成的，家庭的因素是專家學者所認為的最具影響力、重要的原因。家中有人濫用藥物，受害的往往是全家，所以，要防治藥物濫用必須從個人、家庭、社會面來進行。以下以家庭為中心、基礎，探討怎麼幫助藥物濫用的個人和家庭。

㈠對於個人

1.生理治療

　　一個濫用藥物的人，如果要戒斷，一定會產生戒斷症狀，帶來生理上的不適，影響到身體健康，也會影響戒斷意願，家人對此也須瞭解。首要的是帶用藥者到醫院做診斷和治療。

2.心理治療

　　用藥的人會對一種藥物成癮，多少是因為對藥物產生依賴，包括生理、心理都是如此，要戒斷很不容易。一個藥物成癮者，要能認知藥物對自己真的有害是很不容易的。用藥者從決定改變、治療期、維持階段都會有心理上的抗拒，不斷為自己的行為找合理的藉口，家人要能瞭解，陪著用藥者努力，鼓勵他持續戒斷。

㈡對於家庭

1.實施家庭治療

　　用藥者的家庭因素是用藥的一大原因，要治療用藥者需要將家庭納入治療計畫中，讓家庭一同參與治療。研究顯示健康的家庭環境有助於所有家庭成員之成長與復原（唐心北，1997）。

2.強化家庭的社會功能

　　協助父母親強化父母功能，注重內在的心理功能、情緒的控制與人際問題（程玲玲，1997）。協助親子關係的建立，讓孩子懂得如何表達自己的想法，有較好的互動。協助解決妨礙家庭功能的問題，有了良好的

家庭功能，才有自己解決問題的能力。

高齡化社會的家庭

　　臺灣未來是高齡化的社會，據推估，在三十五年後，五個人裡就有一個老人。走在路上，幾步路就遇上一個老人，你能想像那是什麼樣的情景嗎？讓我們看看這些數據及人口學家所做的預測，就知道這個不是隨便胡謅、嚇唬人，是有根據的。我們也必須對這樣的現象有所瞭解，畢竟我們將來一定是那撫養老年人的其中一個，也一定會老，需要被撫養的。

一 高齡化的趨勢與問題

(一)趨　勢

　　從民國八十二年底以後，臺灣地區的老年人口（滿 65 歲以上）佔全國總人口的百分之 7.1（內政部戶政司，1999），已正式邁入聯合國所謂的「高齡化社會」。據經建會的資料，公元 2000 年時達 8.5%、到公元 2036 年時，將佔總人口的 20.51%（鄭讚源，1996），也就是約五個人裡就有一個老人。所以，老人的需求與問題，是必須要面對的重要課題，唯有健全老人福利體制，才能順應高齡化社會對家庭及對個人所帶來的衝擊。

(二)問　題

　　眾多的老年人口對社會資源會產生壓力，造成「生之者寡，食之者

眾」的問題，而且需要許多人力直接投入老年人的醫療及生活照顧（蕭新煌、陳寬政、張苙雲，1993）。聯合國大會在 1991 年通過的「聯合國老人綱領」中提出了五個要點，分別是獨立、參與、照顧、自我實現、尊嚴（中華民國幸福家庭促進協會，1999）。

高齡化社會所面臨的問題大致可分為下列幾個方面（鄭讚源，1996；吳玉琴，1998）：醫療、經濟安全、居住、照顧、保護、教育與休閒。

1.醫　療

老年人口增加，醫療需求相對的也一定增多，國家的醫療資源、醫療經費一定提高，對於政府的財政來說是一筆很大的預算。

2.經濟安全

經濟的安全對於任何人都是一種保障和基本需求，一個人努力了一輩子，為社會的進步、生產貢獻心力後，當年老、從職業場所退休下來，自己不再（或固定的）有收入時，政府應制訂政策、措施，例如老人年金、老人生活津貼等，讓他們也能有尊嚴的生活，不必完全靠子孫、社會救助。同時，也為將來的青壯工作人口減少一些照顧上的負擔。

3.居　住

獨居老人問題在近年來引起社會的關心，在新聞報導中，獨居老人死亡多日才被人發現、獨居老人死亡後被自己所養的狗所啃食……，這樣的報導真的讓人感到心酸，我們不禁會想，他們的兒女到哪去了？或者，是不是沒有親人了呢？據八十五年十一月所做的調查顯示，在老人中，臺閩地區獨居或僅與配偶同住者，各有 20.6% 和 12.3%，也就是有三分之一的老人並未與子女同住（施教裕，1998）。

老人居住的需求、環境整潔、是否有人協助照料等，是一個需要重

視的問題。

4.照　顧

當前老人問題中最嚴重的就是老年長期病患之療養及照顧問題（沙依仁，1996）。現代的家庭因為工作、求學關係，很難對老人提供全天的照顧，請看護也不是一般家庭能負擔得起的，所以，老人照顧是高齡化社會面臨的家庭問題之一，照顧就是指對 65 歲以上人士的生活照顧、醫療照顧與精神支持（蘇景輝，1994）。

就照顧方式來分類，大體上可分為機構照顧、家庭照顧及社區照顧（萬育維，1994；謝美娥，1993；蘇景輝，1994）。機構照顧包括安養和養護等，家庭照顧包括居家照顧、在宅服務等，社區照顧是指在社區中能提供各種支持性的服務，使老人能留在社區之中得到適當的照顧。

老人照顧的問題是全面性的，家庭、機構、社區、都必須成為一個體系，才能將老人照顧的效能發揮出來。

5.保　護

近幾年來報章、雜誌有關案例之陸續報導，已使臺灣老人虐待問題漸漸凸顯、有被具體認定之趨向（蔡啟源，1996）。楊孝濚（1996）認為，由於社會變遷、家庭結構之變異和家庭功能之衰退，老人失護甚至於老人受虐之問題，應像兒童虐待一樣逐漸受到社會的重視。

在民國八十六年新修訂的老人福利法裡面，明訂保護措施：老人直系血親卑親屬對其有疏忽照料、虐待、遺棄等情事至其有生命、身體、健康或自由之危難，縣市政府及老人福利機構得依職權並徵得老人同意或老人家屬的申請予以適當保護和安置，老人如欲對其直系血親卑親屬提出告訴時，主管機關應協助之。由此可以瞭解老人保護已經受到重視，是老人福利的重點之一，以往家庭的功能、傳統的孝道觀念已逐漸改變，老人在家中不一定被視為寶，政府在政策上將老人保護做為老人福利體系的重要一環，也可協助老人的家庭一起照顧老人。

6.教育與休閒

　　各縣市已經陸續成立長青學苑、老人大學、社區老人文康中心、長壽俱樂部等，或是由福利機構所定期籌辦的老人運動、休閒、知性學習等活動，讓老人可以滿足再學習、休閒、人際交往的需求，這已經是不可缺少、也是一個老人重要的福利服務。

　　將來老年人口愈來愈多，這些福利服務的經費、活動場地的需求量一定也愈來愈多。吳玉琴 (1998) 指出目前提供老人健康、人際、精神層面的需求，仍普遍有兩個困境：就是活動經費不足和活動場所不足，為因應高齡化社會，這些必須要能先規劃。

高齡化家庭的因應

　　人都會老，誰都希望將來老的時候能有人照顧、能住得安心、有健康的身體、生活不虞匱乏，最好在社區裡還能參加活動、調劑身心，這樣的生活誰不嚮往呢？高齡化社會的來臨所帶來的老人照顧、經濟、醫療、育樂等問題，不僅是家庭的問題，更是國家社會共同的問題。現在的家庭多是雙薪家庭，家庭型態和功能的轉變，使得家庭已經難以獨自負擔起這樣的責任，家庭要能照顧老人是需要透過政策、福利服務、家庭支持來一起完成的。

(一)政策面的因應

　　在高齡化社會來臨的時候，每個家庭中可能不只一個老人，家庭要如何來因應，首先應從福利政策制訂作為依據，包括：醫療政策、老人年金、生活津貼、照護政策、安養機構設置辦法、教育補助、場地設置辦法等，作為老人福利推動的依據。

(二)社區照顧體系的建立

沙依仁 (1996) 認為社區照顧是要使老年病患能繼續住在家中,透過社區中的多種支持性服務,讓老人可以漸漸恢復失去的功能、維持全部或部份的生活能力,及減輕家庭的照顧負擔。蘇景輝 (1994) 提出社區照顧就是連結社區資源,協助有需要照顧的人,讓他們能和平常人一樣,居住在家裡,生活在自己的社區中,能得到適切的照顧。

老人社區照顧體系是要能將社區中包括政府、民間機構、社區中原有的功能、家庭的資源連結在一起,使得老人可以在家、社區中獲得需要的協助。

沙依仁 (1996) 將社區照顧的種類整理為以下幾項:

1.在宅服務及居家護理

針對家中沒有其他家人可以做家事的老人,且自己本身也無能力的,可提出申請,協助家中事務的料理。還有罹患嚴重慢性病、行動不便的老人,需有人照顧飲食、陪同就醫、住院的照顧,提供量血壓、體溫、急救等醫護協助。

2.安養機構

將安養、養護機構設在社區中,使家中成員可就近照顧、同時也能使用社區資源,這在社區照顧中也是很重要的一環。

3.社區服務

針對社區中已經逐漸喪失功能的家庭可提出申請。如果有需要代辦費用繳交、需要陪同出外購物、辦事,可規劃社區中這樣的服務。

4.為照顧者及其家庭代勞

當家中其他成員白天需要上班，需要他人照顧的老人可以被安排到日托中心，晚上再回家。

5.其他服務

老人公寓：在社區中建築適合老人活動的住宅，可以方便老人得到生活的機能，又能在社區中得到其他的服務，適合不與子女同住的老人；文康休閒設施：老人可就近在社區中滿足娛樂、學習、人際交往的需求，是很方便的。

臺灣已經進入高齡化社會，為老人建構好適合他們生活的福利體系是責無旁貸的，不僅是為了老人，更是為家庭、社會。就如同彭懷真（1999）所提，希望老人們都能掌握五個L，過得快樂，這也是我們所希望看到的高齡社會。

> LOVE：去愛，愛家人、朋友、愛更多人。
> LIVE：認真經營生活，使生活更有創意。
> LEARN：學習知識、品味人生。
> LEGACY：提供更多貢獻、成為別人的資產。
> LIFE：擁有更棒的生命。

第二節 美滿婚姻與幸福家庭

美滿婚姻的要件

　　婚姻不是一成不變，不是一種靜止的狀態，它會有各種發展階段，會經歷很多種問題，要能有美滿的婚姻，就要具備一些要件，有了這些要件，使得美滿婚姻成為可能。

㈠面對婚姻之中的「變」

　　婚姻是一輩子的事，這個關係也是人生中最長和最親密的，這麼長的一段關係怎麼可能不變呢？所以，必須要用「變」的認知來看待婚姻，時刻關心婚姻中配偶的變化，或加入在婚姻的各種因素的變化，才不會忽略了各種發展的契機或是各種危機。

㈡一同面對的態度

　　婚姻不是一個人的，是夫妻雙方共同建立起來的，單靠一方的努力並不能面對婚姻中的各種狀況和問題，如果夫妻間各有分工，問題分別解決，這種情況看似互補，但如果長時間下來不知道配偶面對問題的過程與感受，兩人缺乏共同的經驗，久而久之也可能讓兩人的親密性降低，要有美滿的感覺，需要兩人有一同面對婚姻中各種問題的態度。

㈢婚姻至上

我們看到很多夫妻結婚後努力工作、日夜打拼，交際應酬不在少數，為的是讓家人有更好的生活，讓小孩有更好的生活環境，這當然是無可厚非。但是，婚姻中的感情也是需要用時間、用方法去維持和灌溉的，所以必須要能將婚姻擺在要位，固定安排時間讓家人相聚、一同討論事情或聊天分享生活細節，或出外遊玩增進感情，一定要將這些事情視為重要的事，排除萬難去完成，否則為了工作使得家庭感情疏遠，連配偶、孩子在想什麼都不知道，豈不是本末倒置嗎？

㈣互相信任

夫妻互相信任，真的是非常重要，要能有美滿的婚姻，一定要建立信任感。可能在剛結婚之初，不瞭解對方生活的方式或其他事情，所以會不放心，但如果在這時候可以花些時間多多讓對方瞭解自己處事的原則，並做到讓對方放心，兩人取得一個平衡點，信任感就會建立，在婚姻生活中兩人才會覺得自在與放心，這也才有美滿的可能。

㈤共同成長

社會環境在變，人也不斷在變，要能解決問題，要能生存，人就必須不斷成長，才能生活得更好。同樣的，婚姻是兩個人的，要共同面對問題，兩人的成長就不能差距太遠，如果有一方成長的很快，另一方卻仍停在原地，容易導致缺乏共同點而無法溝通的情況。面對問題的方法不一樣，兩人的交集也愈來愈少，婚姻的美滿感覺比較可能降低。所以，夫妻需要意識到彼此的成長速度，在各方面的速度儘量一致，然後想辦法讓彼此一同成長。

㈥互相尊敬和支持

　　人在面臨挫折和難題時，最需要別人的支持，而且希望得到尊敬而不是嘲笑和看不起。在婚姻裡，配偶是我們最親密的人，如果當我們在外受到挫折時，回家有伴侶的支持和打氣，及得到配偶的尊敬，相信能再擁有奮鬥的力量。所以，互相尊敬和支持是美滿婚姻不能缺少的條件。

㈦良好的溝通

　　溝通包括瞭解對方的感受、傾聽對方的想法、完整表達自己的想法、取得談話的正確性、不誤解對方的想法。如果許多事情都能有良好的溝通，那麼會增進談話的品質，帶來良好的感受，對於感情的交流有正面的影響，而且能減少誤解的機率，有效解決婚姻中許多問題。常常溝通對於兩人的想法會更瞭解，觀念、面對問題的態度也會更一致，美滿的婚姻當然少不了良好的溝通。

㈧維持心靈層次的交流

　　婚姻中不是只有日常瑣事、開銷、別人家發生什麼事等等。要有美滿的感覺，一定要有心靈層次的交流，夫妻之間常常維持心靈方面的話題，且也幫助對方更瞭解心裡的想法、瞭解自己的個性，讓自己的內在反省更深刻，這些都是在心靈上下功夫，美滿的婚姻是不能少了心靈的交流的，否則可能會漸漸索然無味。

幸福家庭的特質

在現在這種變遷快速的社會中，各種社會問題層出不窮，家庭型態多元，有夫妻各居兩地的家庭，未婚生子、喪偶、離婚的單親家庭，小家庭、三代同堂，也有夫妻離婚各自帶著孩子再組家庭的重組家庭。這樣的變化速度，似乎已令人目不暇給，到了二十一世紀，又有什麼樣的家庭型態出現？

不管家庭型態怎麼變化，人們追求幸福、快樂的天性是不會改變的，沒有人天生就喜歡待在一個不幸福的環境裡。只能說，社會價值多元化、人們傾向追求自我實現、個人成就，讓這個家庭型態、家庭存在的功能有所變化，但應不動搖人們追求幸福家庭的渴望。

綜合藍采風 (1986) 及簡春安 (1995) 所提，整理出幾個幸福家庭的特質：

㈠充滿互相信任的氣氛

幸福的家庭是家人之間彼此信任，不論是做什麼事、說什麼樣的話，都能放心，不必擔心結果會如何，不必害怕別人會嘲笑自己，也不會有威脅。彼此之間不會互相猜疑，能放鬆心情、也不必戴著面具生活。在這樣的信任氣氛裡，家庭才是一個避風港，一個溫暖的窩。

㈡有齊聚一堂的時間

現代的家庭每個人都很忙，相對的相處的時間也減少了，到後來甚至不知道其他人在忙什麼。如果全家能相聚在一起聊天、逛街、旅遊，或參加某些活動，家人的感情才會增加，家庭的成員才能彼此更加瞭

解,所以,幸福家庭是必須要家庭成員有共同相處的時間。

(三)能互相支持和尊重

當你碰到問題與困難時,家人總是在一旁給予關懷,瞭解你的感受,而不是冷嘲熱諷、落井下石與批評。因為家人會明白人總是會碰到挫折,沒有十全十美,重要的是如何把問題解決,所以,家人會支持你,讓你有信心再去面對問題,並且尊重你的決定,尊重你的想法,使自己在家中得到足夠的能量再出發。

(四)有良好的溝通模式

人與人之間傳遞訊息、建立關係、表達情感都是需要透過溝通,藉由語言、非語言的方式來進行。家庭中的溝通更是需要加以重視和學習,家人之間的感情交流、訊息傳達要能正確的被瞭解,良好的溝通模式就需要建立起,在面對問題時更需要正確的溝通,包括認真的聽話、用心的瞭解,體會對方的感受,然後表達出自己的關心、想法,這是溝通模式的建立。

(五)可以共同面對困難和解決問題

一個家庭可能會遭遇的問題有很多,包括親人生病、就業、入學、工作調職、考試落第、酗酒等,這些問題如果發生在某一位家人身上,所帶來的影響是全家性的,如果家人此時可以一同來面對,共同商量如何解決,給予當事人協助,這個家庭就會更加凝聚。

㈥有健康的互動關係

健康的互動關係就是說，家人之間常常是很自然的關心別人，體諒每個人的情緒，時刻以一種「利他」的角度與家人相處，家中的互動是自然、關心，在這樣的家庭氣氛之中受到薰陶，形成一種模式，自動自發的，就是健康的互動關係。

㈦有強烈的凝聚力

凝聚力是指家人對家庭感情的濃淡程度，有多少的共同點、共同目標、共同興趣、是不是常常一起出遊、聚會等，這些項目都可以看出家庭的凝聚力的強弱，凝聚力高對家庭的事情容易認同，與家人同心協力，處處以家庭為優先；如果不高，則會顯得不夠關心、不會一起解決問題，家庭的事情擺在後面，所以，健康幸福的家庭是有強烈的凝聚力的。

㈧重視道德與價值的教導

道德價值關係到一個人處世、做人的價值觀和行為規範，一個健康的家庭也會有自己所重視的事情，在家中予以教育，所以，道德與價值的教導是不可缺少的，當家中有人違反了道德，家人應先瞭解做事的動機和過程，協助他分辨優缺點，讓他知道這其中的利弊得失，下次才能不再犯。一個健康的家庭一定會有道德價值的規範存在。

結　語

　　美滿幸福的婚姻與家庭不是一蹴可幾、平白就生成的，這中間會遭遇很多問題、困境，在在都在考驗夫妻、家人，如果可以同心協力，彼此協助、支持，一同解決問題，擁有幸福健康的家庭不是難事。但如果不努力經營，遇到問題就以逃避的方式來面對，那麼，這個家庭就不容易有健康的特質，所以，在這章中我們提到了家庭的危機、美滿婚姻的要件、幸福家庭的特質，希望能提供省思。

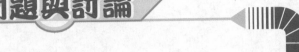

問題與討論

1.家庭暴力的定義是什麼？發生的原因是什麼？

2.請分析你的家庭特質是什麼？並想想將來自己要結婚時，要怎麼增進家庭的幸福？

3.美滿婚姻的要件和特質是什麼？請分析你看過的美滿夫妻中，他們有什麼特質？

參考書目

王叢桂 (1994)，雙生涯家庭中個人工作價值與家庭價值的變遷調適，收錄於社區發展 68 期。

田秀蘭 (1994)，女性生涯發展之主要課題，收錄於諮商與輔導 98 期。

吳玉琴 (1998)，臺灣老人福利服務介紹及問題探討，收錄於社工實務季刊 3 期，臺北：中華民國社會工作專業人員協會。

吳芝儀譯 (1998)，生涯發展的理論與實務，臺北：揚智。

李孟智 (1994)，藥物濫用之防治（上），收錄於社教資料雜誌 195 期。

李茂興、李慕華、林宗鴻譯 (1996)，組織行為，原著：Stephen P. Robbins (1992)，*Essentials of Organizational Behavior*，臺北：揚智。

李景美、林秀霞 (1996)，青少年藥物濫用行為分析——相關文獻回顧，收錄於中等教育 47 期。

沙依仁 (1996)，老人社區照顧之理論與實際，收錄於社區發展 74 期。

周月清 (1995)，婚姻暴力——理論分析與社會工作處置，臺北：巨流。

林幸魄 (1996)，現代社會的藥物濫用，收錄於福利社會 52 期。

林信男 (1997)，藥物濫用輔導，收錄於學生輔導 50 期。

唐心北 (1997)，物質濫用青少年之輔導——以學校為基礎的策略，收錄於學生輔導 50 期。

高淑貴 (1991)，家庭社會學，臺北：黎明。

張紉 (1998)，以家庭為基礎的青少年服務之芻議，收錄於社會福利 136 期。

張添洲 (1996)，生涯發展與規畫，臺北：五南。

張鴻仁 (1997)，藥物濫用，收錄於學生輔導 50 期。

張豐榮譯 (1987)，怎樣教好自己的孩子‧常識篇：零歲到入學的教育秘訣，臺北：福利文化。

梁玲郁 (1997)，成癮問題的諮詢與改變行為，收錄於學生輔導 32 期。

彭駕騂 (1985)，青少年問題探究，臺北：巨流。

彭駕騂 (1994)，婚姻輔導，臺北：巨流。

彭懷真等譯 (1983)，為什麼要結婚，臺北：允晨。

彭懷真 (1987)，婚姻之前的愛與性，臺北：洞察。

彭懷真等譯 (1991)，社會學辭典，臺北：五南。

彭懷真 (1996)，新新人類新話題，臺北：希代。

彭懷真 (1996)，十全十美兩性溝通，臺北：皇冠。

彭懷真等 (1998)，豐富您的單親人生，臺中：中華民國幸福家庭促進協
　　會。

彭懷真 (1999)，婚姻會傷人，臺北：平安文化。

彭懷真 (1999)，愛情下課了，臺北：平安文化。

彭懷真 (1999)，年長者的 5L，收錄於一九九九國際老人年專刊，臺中：
　　中華民國幸福家庭促進協會。

曾華源 (1999)，少年福利，臺北：亞太。

曾端貞 (1996)，婚姻與家族治療，臺北：天馬。

陽琪、陽琬譯 (1995)，婚姻與家庭，原著：Norman Goodman, *Marriage
　　and Family*，臺北：桂冠。

黃堅厚 (1996)，我國家庭現代化的途徑，臺中：中華民國幸福家庭促進協
　　會。

黃富源 (1997)，兒童、少年犯罪的家庭因素探討及因應對策，收錄於家庭
　　與兒童保護，臺中：中華兒童福利基金會。

楊孝濚 (1996)，老人福利法積極建構與老人保護，收錄於社區發展 74
　　期。

葉紅秀 (1997)，青少年藥物濫用面面觀，收錄於學生輔導 50 期。

蔡文輝 (1987)，家庭社會學，臺北：五南。

蔡啟源 (1996)，老人虐待：解決之道及相關議題，收錄於社區發展 76
　　期。

鄭慧玲譯 (1987)，家庭溝通，臺北：桂冠。

鄭麗芬 (1994)，雙生涯家庭可能面臨的課題與諮商策略，收錄於輔導季刊 30 期。

鄭讚源 (1996)，多層次多面向的老人安養照顧服務體系──我國老人安養照顧系統的四個整合方向，收錄於社會福利 126 期。

蕭新煌、陳寬政、張苙雲 (1993)，臺灣的老人問題和老人福利：現況與對策，收錄於老人養護論叢，臺北：內政部。

簡春安 (1992)，外遇的分析與處置，臺北：張老師。

簡春安 (1995)，婚姻與家庭，臺北：空中大學。

簡莉盈、鄭泰安 (1995)，縱說社會危險因子與青少年藥物濫用，收錄於中華心理衛生學刊 1 期。

藍采風 (1986)，婚姻關係與適應，臺北：張老師。

藍采風 (1996)，婚姻與家庭，臺北：幼獅。